太极鱼文库

# 太极拳经典拳论评注

杨志英　编著

人民体育出版社

**编者寄语：**

太极拳是柔中寓刚、借力打人的技击艺术，它不仅是一种武术，更是一种文化现象，它通过武术的肢体语言去传达中国人对技击的理解和追求。

品味经典　对话先贤感

悟太极拳学的无穷魅力

夫拳名太极者，阴阳虚实也。虚实明，然后知进退。进固是进，进中有退；退仍是进，退中隐有进机。

——武酌堂

阳不离阴，阴不离阳。阴阳相济，方为懂劲。

——武禹襄

虚实宜分清楚，一处自有一处虚实，处处总此一虚实。

——武禹襄

彼不动，已不动；彼微动，已先动。

——武禹襄

气宜鼓荡，神意内敛。无使有缺陷处，无使有凹凸处，无使有断续处。

——武禹襄

若物将掀起，而加以挫之之力，斯其根自断，乃坏之速而无疑。

——武禹襄

能从人，手上便有分寸。秤彼劲之大小，分厘不错；权彼来之长短，毫发无差。

——李亦畬

一身之劲，练成一家，分清虚实。

—— 李亦畬

擎其彼身借彼力，引到身前劲始蓄；松开我劲勿使屈，放时腰脚认端的。

—— 李亦畬

轻则灵，灵则动；动则变，变则化。

—— 杨健侯

太极拳乃柔中寓刚、绵里藏针之艺术。

—— 杨澄甫

身躯宜中正而不倚，脊梁与尾闾宜垂直而不偏。

—— 杨澄甫

太极拳不在样式而在气势，不在外面而在内。

—— 郝月如

太极拳艺的奥妙就在于：无论势法怎样变化，自己阴的方面始终不暴露给对方，使对方只能接触我的阳方，而得不到我的阴方，这恰如日光向背的道理一样，阴面始终不会被日光照到。阴阳体现在内劲的涵义上，又称为"虚实"。阴便是实，实即是阴；阳便是虚，虚即是阳。要使对方始终只能接触我之虚，而得不到我之实。以虚实体现太极拳艺的奥妙，能使人不知我，我独知人，达到人为我制，我不为人制的妙境。太极拳运用阴阳的无穷变化作为制人的方法，使拳艺奥妙无穷。不知阴阳，便不知太极。

—— 郝少如

# 别出新意成一家

承蒙志英师兄厚爱与信任，嘱我为其新著《太极拳经典拳论评注》作序，实感诚惶诚恐。自知于文于武才疏学浅，恐难担此重任，但作为同门同道同乡同龄的至交，断无推辞之理，只好硬着头皮"上架"，权当为诸君抛砖，待引美玉了。

世人皆知，太极拳作为一项古老的健身养生修性之武术运动早已遍布神州，风靡全球了。古今习练者多如过江之鲫，但研究其功法拳理源流者则凤毛麟角，其中，卓有成就者更是寥若晨星，代不过数人。在当代太极拳理论界志英师兄可谓成绩卓越，秀出班行。记得恩师吴文翰先生在世时就曾预言道："志英这个人天资聪慧，勤勉专注，为人温良敦厚，性格坦静谦和，加之幼承庭训，长有贤妻，虽说现在只是县里中学教员，文化程度并不算太高，但他有一股子倔劲、钻劲，肯下笨功夫、真功夫，是个做学问的好材料，将来在太极拳理论研究方面定当有较大作为！"

果不其然，2016年春日，一部二三十万字的皇皇巨著《解析太极拳档案》横空出世，文史交融，功理兼备，旁征博引，正本清源，它犹如一颗石子投入湖中，泛起条条涟漪，对笼罩着迷雾一般的太极拳史，带来一束微弱的光亮，但透过这道独特的视线，让我们似乎洞察到了隐匿在时光隧道里的一些鲜为人知的秘密，其学术价值的高低和良莠在这里我不妄加评议，有待业界广大有识之士的慧眼和共鸣。本次他的第二部专著即将付梓面世，必将再起波澜。

说起我和志英师兄之间的关系，渊源很深，缘分可谓不浅，可以简称为"四同"吧。

同门。人不亲艺亲。我们都是当代著名太极拳史论家，武派太极拳代表人物，享有"武林一支笔""太极拳苑的学者"赞誉的吴文翰先生门下入室弟子，只是他比我要早一年多时间。他是2005年9月28日在永年广府拜师，我是2006年11月29日在京入门，也算是前后脚吧。在此之前，我们是通过《太极》杂志总编杨宗杰先生介绍认识的。初次相见，即对他印象深刻，只见他身材魁伟，步履稳健，一眼看去就知道是个练家子。方方正正的国字脸，戴一副近视镜，面容白皙，一双剑眉，双目有神，文质彬彬，颇具儒风。他操着一口永年特色普通话，对当地历史如数家珍，对太极拳源流了然于心，于是我对他的博学多识心生敬意，彼此惺惺相惜。此后有幸结为同门师兄弟，哥俩关系自然更进一步。

同道。热爱是最好的老师。我们都是武术爱好者，打小受当地尚武之风和后来《少林寺》《武当》《武林志》等电影的影响，喜欢蹦蹦跳跳、舞刀弄枪，多少会点拳脚功夫，心里似乎都有一个少年侠客梦。年龄渐长，又都转身喜欢上了外柔内刚、松静自然、开合有度、行云流水般的太极拳技。在拜吴师之前，他在永年这个"太极之乡"已有多位师承，杨式、武派都练过多年，可以说是带艺投师。而且，他业余时间喜欢写写文章，由于工作性质缘故，我亦素喜舞文弄墨，共同的阅历和爱好，使我俩又多了一分亲近感。

同乡。亲不亲故乡人。我的故乡在邢台市南和县，和志英师兄的家乡邯郸市永年广府毗邻而居，同属冀南，河朔重镇，一衣带水，且都是千年古县、文化之乡、礼仪之邦。自古钟灵毓秀，泉清甘醇，土膏禾茂，物厚阜安，历代多武林英杰、文人雅士。作为"古城、水城、太极城"广府北街村的原住民，志英师兄生长于斯，从小耳濡目染，经年滋养熏陶，有此雄文华章、鸿篇巨著当不稀奇。

同龄。我俩都是二十世纪六十年代中后期生人，志英年长我两岁，长期从事中学教育工作，业余时间就是专注于研习太极拳理论，别无他好了，这也许正是他能够取得成功的关键所在，恰好也印证了当年吴师的慧眼和判断。按理说，像我们这个年龄段的人，国学古文的底子一般相对薄弱，而传统太极拳谱都是文言文，完全理解其中真意难度是可想而知的。在此基础上，再加以考证、注解和评论，更是难上加难。志英师兄硬是凭着一股子倔劲，啃下了这块难啃的硬骨头。始终秉承"创新不守旧，传承不忘本"的治学原则，甄别严谨，考证释疑，见解独到，别出新意，自成一家，令我刮目相看。但其人后努力，个中滋味，如鱼饮水，冷暖自知。

看似寻常最奇崛，诚如容易却艰辛。历时三载，七易其稿，苦其心智，筚路蓝缕，一部难得一见的太极拳专著呈现在眼前。如椽巨笔，洋洋洒洒，十余万字，字字珠玑，史料翔实，立论独到，条理清晰，文笔流畅，读之令人眼前为之一亮，顿开茅塞之处颇多，相信有缘之人，有幸读之亦会有同感。

全书共分四个章节。第一章为太极拳谱概况，重点围绕李亦畬生平阐述了"老三本"产生的历史，考证了舞阳盐店得"王宗岳太极拳谱"的来历，论述了《山右王宗岳太极拳论》的变迁，解读了经典拳论作者、拳谱的篇章结构、"太极拳"名称的演化以及"老三本"的价值。第二章为"郝和本"拳论评注，系统围绕《太极拳论》原著、《十三势架》《身法》《刀法》《枪法》《十三势：一名长拳，一名十三势》《十三势行工歌诀》《打手要言》《打手歌》《四字不传密诀》《太极拳小序》《五字诀》《撒放密诀》和《走架打手行工要言》等，逐一进行详尽评注，内容浩繁，论述精当，学术价值颇高。第三章为附录，主要围绕武秋瀛的《释原论》和《打手论》，武酌堂的《结论》，李启轩的《球之喻》《"敷"字诀解》和《太极拳走架白话歌》等经典拳论加以评注。第四章则为太极拳文化思考，高屋建瓴，突出宏旨，通过对太极拳理论文化奠基人武禹襄其人武学思想的深度探源，为我们描摹了其来龙去脉：一是引文入武——传统文化与传统武术相互融合的产物；二是军事思想对武禹襄太极拳理论体系的影响；三是水文化对武禹襄武学思想的影响。在此基础上，进而对太极拳文化这个大的文化命题进行了全面科学的诠释。

书的最后，回望千年，眷念故土，不惜笔墨，高唱赞歌：古城铸雄浑、水城钟灵秀、悠悠太极城，一幅壮美的画卷徐徐展开，把你我一同带入无上圣境！

有诗赞曰：

> 志存当高远，
> 英气自勃发。
> 好风凭借力，
> 文章成一家。

临近年关，诸事繁杂，草草成篇，书不尽意，还望诸君日后尽在文中觅宝，自当有意外惊喜，诚哉斯言，信哉斯言！

是为序。

愚弟：澧阳俊士 敬奉
己亥年腊月草于石门澄怀堂

# 前 言

整理编著《太极拳经典拳论评注》出于两方面原因：一是因为目前太极拳界非常混乱，可谓山头林立，说法众多，练法多样。没有统一的教学教材，没有统一的练习准则；缺少正确理论的引导，缺少统一的管理机构。斯大林说："没有理论的实践就是盲目的实践。"太极拳必须有正确的方法来引领，必须有正确的理论来指导。因此，将太极拳理论创建者的论述作全方位的介绍，从而了解经典，熟悉经典，感悟经典，与古人对话，是亟须解决的问题。二是在2016年，笔者受邀担任邯郸太极文化学院基础理论知识课程教师时，才知道没有现成的课本作为参考，必须自备教材，从而得以认真系统地重温经典。这样，便萌生了编著一本太极拳理论读物的想法。接着，便付诸行动，历时三年有余，几经周折，数易其稿，最后整理出这本《太极拳经典拳论评注》。其间，得到了吴师文翰、王跃平先生、博伦先生、孟祥龙先生等的无私帮助，在此深表感谢！

说起太极拳经典拳论，离不开李亦畬（1832—1892）太极拳谱，即"老三本"。因为"老三本"是武术史上有据可查的最早的太极拳谱，是太极拳理论的奠基之作，它标志着太极拳走向成熟。因而，其中所收录的武禹襄（1812—1880）、李亦畬拳论是指导太极拳运动的航标。以此为准绳拓展开来，包括武秋瀛（1800—1884）、武酌堂（1803—1887）以及李启轩（1835—1899）、杨班侯（1837—1892）、杨少侯（1862—1929）、杨澄甫（1883—1936）、郝为真（1849—1920）、孙禄堂（1861—1932）、郝月如（1877—1935）、陈微明（1881—

1958）、叶大密（1888—1937）、李雅轩（1894—1967）、董英杰（1897—1961）、吴志青（1887—1949）、郑曼青（1901—1975）、吴公仪（1897—1968）、吴公藻（1901—1983）、吴图南（？—1989）、王新午（1934—2005）、陈炎林（生卒年不详）、郝少如（1907—1983）、杨禹廷（1887—1982）、徐哲东（1898—1967）、吴文翰（1928—2019）等人的理论研究成果与之一脉相承，构成了非常完备的太极拳理论体系。我们不妨将此称为"武李学说"，以示对太极拳理论做出开拓性贡献的武公禹襄、李公亦畬的敬仰和怀念。因此，这本读物收录了"武李学说"创建者武禹襄、武秋瀛、武汝清、李亦畬、李启轩的相关论述，并不揣浅陋，竭尽所能作了些许评注。

鉴于当代许多太极拳爱好者对"老三本"较为陌生或者一无所知，所以笔者重点对它的来龙去脉进行了较为详细的解读。武公禹襄被称为太极拳理论体系的奠基人、太极拳文化的拓荒者。所以，笔者对他的武学思想进行了尝试性研究，并对太极拳文化进行了阐释。广府，神奇、神秘，文化积淀十分深厚。古城、水城、太极城，三位一体，水乳交融，构成了世界上独一无二的人文景观。所以，本书将《古城　水城　太极城》一文奉献给大家，让人们对这座古城，对太极拳历史、理论和文化多一份旁证、多一份感悟。

太极拳博大精深，它远远超出了一门拳术的范畴，成为一种文化现象而逐渐地为世界上越来越多的各个阶层人士所喜爱。在太极拳面前，笔者永远是小学生，再加上才疏学浅，水平有限，所以始终抱着一份虔诚和战战兢兢的态度整理《太极拳经典拳论评注》。假如，笔者的努力对读者朋友学习太极拳有所帮助，就非常知足了。如果有不当、不足之处，敬请方家不吝赐教，以备今后改正。

杨志英　于广府静心斋
2019年12月29日

# 目　录

## 第一章　太极拳谱概况 …………………………………（1）

### 第一节　李亦畬太极拳谱介绍 ………………………（2）
　　一、李亦畬生平简介 ………………………………（2）
　　二、解读"老三本" ………………………………（4）
### 第二节　舞阳盐店得"王宗岳太极拳谱"考 ………（49）
### 第三节　《山右王宗岳太极拳论》的变迁 …………（54）
　　一、"丁丑本"中的《王论》 ……………………（54）
　　二、"王恭甫本"中的《王论》 …………………（60）
　　三、"王镜清本"中的《王论》 …………………（62）
　　四、《太极拳使用法》中的《王论》 ……………（65）
　　五、《太极拳释义》中的《王论》 ………………（66）
### 第四节　解读"老三本" ……………………………（67）
　　一、拳论作者 ………………………………………（67）
　　二、拳谱的篇章结构 ………………………………（68）
　　三、"太极拳"名称的演化 ………………………（71）
　　四、"老三本"的价值 ……………………………（71）

## 第二章　"郝和本"拳论评注 ……………………………（75）

### 第一节　《太极拳论》评注 …………………………（75）

一、《太极拳论》原文 …………………………………（75）
　　二、《太极拳论》评注 …………………………………（76）
第二节　《十三势架》评注 …………………………………（90）
第三节　《身法》评注 ………………………………………（94）
第四节　《刀法》《枪法》评注 ……………………………（100）
　　一、《刀法》 ……………………………………………（100）
　　二、《枪法》 ……………………………………………（101）
第五节　《十三势：一名长拳，一名十三势》评注 ………（102）
第六节　《十三势行工歌诀》评注 …………………………（105）
第七节　《打手要言》评注 …………………………………（108）
　　一、《打手要言》原文 …………………………………（108）
　　二、《打手要言》评注 …………………………………（110）
第八节　《打手歌》评注 ……………………………………（128）
第九节　《四字不传密诀》评注 ……………………………（131）
第十节　《太极拳小序》评注 ………………………………（134）
　　一、《太极拳小序》原文 ………………………………（134）
　　二、《太极拳小序》评注 ………………………………（135）
第十一节　《五字诀》评注 …………………………………（145）
　　一、《五字诀》原文 ……………………………………（145）
　　二、《五字诀》评注 ……………………………………（147）
第十二节　《撒放密诀》评注 ………………………………（155）
第十三节　《走架打手行工要言》评注 ……………………（158）

## 第三章　其他评注 …………………………………………（161）

第一节　武秋瀛拳论评注 ……………………………………（161）
　　一、《释原论》 …………………………………………（161）

二、《打手论》……………………………………（162）
　第二节　武酌堂《结论》评注 …………………………（164）
　第三节　李启轩拳论评注 ………………………………（166）
　　一、《球之喻》……………………………………（166）
　　二、《"敷"字诀解》………………………………（166）
　　三、《太极拳走架白话歌》………………………（167）

# 第四章　太极拳文化思考 ………………………………（169）

　第一节　武禹襄武学思想初探 …………………………（169）
　　一、武禹襄其人 …………………………………（169）
　　二、武禹襄武学思想探源 ………………………（172）
　第二节　太极拳文化 ……………………………………（176）
　第三节　古城　水城　太极城 …………………………（184）
　　一、古城铸雄浑 …………………………………（186）
　　二、水城钟灵秀 …………………………………（200）
　　三、悠悠太极城 …………………………………（208）

# 后记 ……………………………………………………（215）

# 武林闲人——记当代太极拳史论家、武式太极拳名家杨志英
　…………………………………………………………（217）

# 第一章　太极拳谱概况

当代，太极拳在全国乃至全世界得以蓬勃开展，成为中华武术最具影响力的拳种，而且成为向世界人民传达中华文明和传统文化的典型载体。然而，与太极拳红红火火的发展现象相比，太极拳学术研究明显滞后，甚至到了几乎无人关切的地步。百花齐放、百家争鸣、热闹喧嚣的背后，是太极拳发展方向的迷失、迷茫，是缺少对太极拳基本理论必要的了解和认知。太极拳毕竟只是武术中的一个拳种，有相对独立的练法和理论。所谓"万变不离其宗"。太极拳无论怎样发展、繁荣、变化，其基本理论、立论基础永远不会也不能改变。因而本章将向读者全面介绍武术史上最早出现、最为重要的太极拳谱——"老三本"，并对武禹襄、李亦畬、"舞阳盐店得太极拳谱"、《山右王宗岳太极拳论》的变迁等太极拳历史上重要的人物、事件等进行考证和解读。至于惊现于民国或者当代的拳谱，比如"乾隆本太极拳谱""万历拳谱"等，或扑朔迷离，或伪托造假，正如著名的太极拳史论家徐哲东先生所言："羌无故实，其为伪托，不待深辩。"

## 第一节 李亦畬太极拳谱介绍

### 一、李亦畬生平简介

李亦畬，名经纶，字亦畬。生于清道光十二年（1832年）九月二日，卒于清光绪十八年（1892年）十一月八日。直隶广平府城西大街（今河北省邯郸市永年区广府镇西街）人士，出身书香门第。其始祖原系明初山西泽州移民，称"陕西李氏"。父讳世馨，字贻斋，母亲武氏。兄弟三人，亦畬居长。他品貌端庄，仪表不俗。读书成癖，博学多才，四方闻名。秀才，候选巡检。20岁时，补博士（旧时专掌经学传授的一种教职）弟子员。精于中医，酷嗜武技，德艺双馨。因科考失利而绝意进取，闭户执教，乡人敬称"李大先生"。

咸丰癸丑（1853年），追随母舅武公禹襄游磁州，始学太极拳。武公无有不传，传而甚详。口诏颐指，身体形容，手足提引，神授气予。亦畬亦步亦趋，耳听目视，心扶力追，意懂身悟，心领神会者20余载，尽得其妙。亦畬身躯较矮，双目近视。而数十年纯功，始于守中，中于行气，归于凝神致虚。以虚灵为体，以因循为用。比手时变颜变色，静以待动，对手身不由己腾空而出。禹襄公晚年，凡有求学此拳者，均由亦畬教授，比如清河、磁州、临清、彰德与本地人士，拜门者日众。其中极富心得者，有葛福来、姚洛朝、葛顺成、李洛同、魏庆祥等。本城郝和（字为真，1849—1920）、王明德尤为精巧。

李亦畬先生殚精竭虑钻研武学，终成一代宗师。他继承母舅禹襄公衣钵，实践与理论紧密结合，尤重理论的锤炼与总结。以舅父为楷模，重视实习实用，常与年富力强者较技，以印证所学。功夫纯正，罕有匹敌。其表弟苗兰圃，武秀才，身高力大，精于技击。某日和兄长亦畬喝酒，酒酣耳热之时，不免有些忘形。问："表哥，你练的拳软绵绵的，真能打人吗？"亦畬也有些酒意，答道："表弟如果高兴，可以试试。"苗的力量远在亦畬之上，恐伤及表兄，便用双手紧紧按住坐在太师椅上的亦畬双肩说道："哥哥，您还能站得起来吗？"李亦畬微微一笑，双手微托苗的双肘，笑言："表弟还是坐下吃酒吧！"话音未落，苗已然腾空而起稳稳地坐回了原位。苗深感惊异，说道："表哥身躯未动，神色微露就把我扔出数尺之外，真是神奇！"类似逸闻趣事不胜枚举。李公平时一举一动，无时无刻莫不在锻炼揣摩中。每得一势巧妙，一着窍要，即书一纸条贴于座右，好像科学家在做实验。过了数日，比试揣摩，感觉又有不妥，立即撕下，另易他条。往复撕贴，必致神妙正确不可更改为止。久而久之，纸条遍贴满墙，后收集成文，写成《五字诀》《撒放密诀》《走架打手行工要言》《论虚实开合》《身背五弓图解》等。他的论述承继母舅禹襄公之余续，使太极拳艺理更趋系统、缜密、完整。光绪庚辰年（1880年）、辛巳年（1881年），手书三册太极拳谱。一交胞弟启轩，习称"启轩本"；一授门人郝和，习称"郝和本"；一本自存，习称"自藏本"。合而言之，史称"老三本"。这是武术史上最早的太极拳谱，是太极拳理论的奠基之作，修炼太极拳者奉为圭臬。

　　亦畬还精于医道，疗疾中西医结合。与二弟曾纶出重资从外籍医生处学得种牛痘技术，义务种痘，为广平府推广牛痘技术第一人。广平知府深受感动，捐资立局延聘亦畬昆仲主持其事，先后20余年，救活婴儿数以万计。光绪壬辰（1892年）秋，老母逝世。亦畬先生至孝，哀毁过度，于同年十一月继卒。有二子，名宝廉、宝让，均习太极拳。

## 二、解读"老三本"

### （一）"自藏本"介绍

1881年，李亦畬先生手书完成"自藏本"，此本应为"老三本"中定稿最晚的拳谱，也应该最为完善，令作者最为满意。李先生逝世后，该本传次子逊之（1882—1944，名宝让，字逊之）。逊之弟子姚继祖（1917—1998）借阅该谱数十年，直到晚年才转交于亦畬公曾孙李旭藩（父名池荫，祖逊之）。旭藩视其胜过生命，不肯轻易示人，至今罕有目睹其全貌者。谱中篇章顺序虽然不详，但全部内容在姚继祖编著的《武氏太极拳全书》中转载。2014年9月，中央电视台《寻宝》栏目"走进永年"，寻找民间国宝。经过包括著名书画鉴定专家单国强先生、杂项鉴定专家蔡国声先生等在内的多位顶级专家团的遴选，从众多的瓷器、书画、珠宝、青铜器等藏品宝物中间，一致认定：李公亦畬手书《太极拳谱》（志英按：即指"自藏本"）是"最能反映广府古城经济、文化、历史特色的宝物"，评定为此次活动的民间国宝。武禹襄曾孙武福鼐（著名书法家）一副对联作品同时入选，该联这样写道："立定脚根竖起脊，拓开眼界放平心。"

王刚捧读"自藏本"说："我这叫不叫泄密呀！"

## （二）"启轩本"介绍

该本在《太极拳小序》后附注：

"清光绪六年（1880年）岁次庚辰小阳月（即农历十月）识。"

（志英按：摘自1935年在山西太原出版的《李氏太极拳谱》，附图）

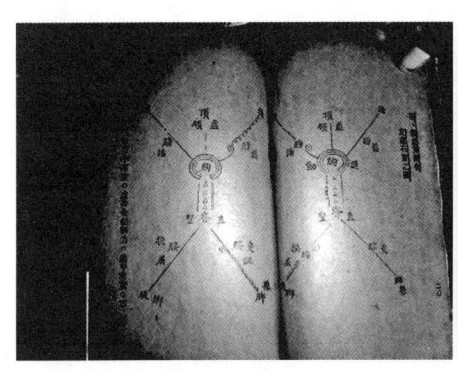

因为"自藏本""郝和本"均标注为光绪辛巳年作，由此可见，"启轩本"成册比这两本要早一年。启轩先生逝世后，该本传子宝琛，宝琛传子福荫（1892—1943）。民国十八年（1929年），李福荫任教河北省立第十三中学时，依照该谱重新编次章节，多次进行油印、石印，取名《李氏太极拳谱》（志英按：以下简称《李谱》。《李谱》，并非指一派叫作"李氏太极拳"的拳谱，而是指李氏保存的太极拳谱），分赠各地太极拳爱好者。即此，《山右王宗岳太极拳论》和武禹襄、李亦畬拳论开始广传于外，逐渐为各地太极拳传人所熟知。然而，"启轩本"经过数次传阅、印刷，导致破损、丢页，最终散失殆尽！好在《李谱》尚有少量存世，使后人从中得窥"启轩本"真貌。

1931年，"九一八事变"爆发，全国各界爱国人士无不义愤填膺，武术界提出了"习武强身""习武救国"的号召。1932年，时任山西省太原县警察局局长李槐荫先生（字子固，李亦畬之孙，父名宝廉）倡议成立"山西省国术促进会"，并任会长，胞弟李棠荫（字化南，中共党员，《山西晚报》记者）任副会长，山西省民政厅厅长邱仰浚、省参议会议长马立伯任名誉会长。李槐荫特别从家乡广府聘请郝公为真曾孙郝向荣（名长春，1911—1980）担任促进会秘书长，主要负责教授太极拳。李槐荫又请堂兄福荫将"启轩本"重新整理、编次、刊印，取名《李谱》（志英按：现今也有人称其为《廉让堂太极拳谱》）。当时，共筹措资金18000元（银元），出版一万余册，分赠同好。这是太极拳谱首次正式出版发行，它对宣传太极拳理论影响深远、意义重大。该拳谱编次章节依次为：

邱[1]序（略）

马[2]序（略）

太极拳谱目次：

第一章 《太极拳释名》[3]（略）

**【评注】**

（1）邱：指邱仰浚。

（2）马：指马立伯。

（3）《太极拳释名》：本章未署作者姓名，内容同于"郝和本"的《十三势：一名长拳，一名十三势》，只是在末尾多出一句"是技也，一着一势均不外乎阴阳，故又名'太极拳'。"很显然，此为编纂《李谱》时李福荫先生所添加。

第二章 各势名称

第一节 《身法》[1]（略）

第二节 《十三势架》[2]（略）

第三节 《十三刀》

　　按刀　青龙出水　风卷残云　白云盖顶　背刀　迎坟鬼迷　震

脚提刀 拨云望日 避刀 霸王举鼎 朝天一炷香 拖刀败势 手挥琵琶

第四节 《十三杆》

掤一杆 青龙出水 童子拜观音 饿虎扑食 拦路虎 拗步 斜劈 风扫梅花 中军出队 宿鸟入巢 拖杆败势 灵猫捕鼠 手挥琵琶

第五节 《四刀法》[3]（略）

第六节 《四杆法》[4]（略）

【评注】

（1）《身法》：与"郝和本"同。

（2）《十三势架》：与"郝和本"略有不同，尤其"懒扎衣"一势写为"蓝鹊尾"。

（3）《四刀法》：与"郝和本"同。

（4）《四杆法》：与"郝和本"同。

以上章节均未署作者姓名。另外，《十三刀》《十三杆》套路已经形成，不知何故，未收录于"自藏本""郝和本"中。笔者推想，抑或是武公觉得舞刀弄杆，有失文雅之故吧。

第三章 《山右王宗岳太极拳论》[1]（略）

【评注】

（1）《山右王宗岳太极拳论》：以下简称《王论》。其中，除一篇《王论》外，还多出两节见于"郝和本"内武禹襄《打手要言》中的内容，即"解曰：先在心，后在身。腹松，气敛入骨……气如车轮，腰如车轴。"和"又曰：彼不动，己不动……劲断意不断。"未知何故。

第四章　《歌诀》

第一节　《各势白话歌》[1]

提顶吊裆心中悬，松肩沉肘气丹田；

裹裆护肫须下势，涵胸拔背落自然；

初势左右懒扎衣，双手推出拉单鞭；

提手上势往空看，白鹅亮翅飞上天；

搂膝拗步往前打，手挥琵琶躲旁边；

搂膝拗步重下势，手挥琵琶又一番；

上步先打迎面掌，搬拦捶儿打胸前；

如封似闭往前按，抽身抱虎去推山；

回身拉成单鞭势，肘底看捶打腰间；

倒撵猴儿重回势，白鹅亮翅到云端；

搂膝拗步须下势，收身琵琶在胸前；

按势翻身三甬背，扭颈回首拉单鞭；

纭手三下高探马，左右起脚谁敢拦；

转身一脚栽捶打，翻身二起踢破天；

披身退步伏虎势，踢脚转身紧相连；

蹬脚上步搬拦打，如封似闭手向前；

抱虎推山重下势，回头再拉斜单鞭；

野马分鬃往前进，懒扎衣服果然鲜；

回身又把单鞭拉，玉女穿梭四角全；

更拉单鞭真巧妙，纭手下势探清泉；

更鸡独立分左右，倒撵猴儿又一番；

白鹅亮翅把身长，搂膝前手在下边；

按势青龙重出水，转身复又拉单鞭；

纭手高探对心掌，十字摆连往后翻；

指裆捶儿向下打，懒扎衣服紧相连；

再拉单鞭重下势，上步就挑七星拳；

收身退步拉跨虎，转脚去打双摆连；

海底捞月须下势，弯弓射虎项朝前；

怀抱双捶谁敢进，走遍天下无人拦；

歌兮歌兮六十句，不遇知己莫轻传。

第二节 《十三势行工歌诀》[2]（略）

第三节 《打手歌》[3]（略）

第四节 《打手撒放》[4]（略）

【评注】

（1）《各势白话歌》："郝和本"不载。

（2）《十三势行工歌诀》：与"郝和本"同。

（3）《打手歌》：与"郝和本"同。

（4）《打手撒放》：与"郝和本"同。

以上歌诀均未署作者姓名。

第五章 河北永年武禹襄先生著述

一、《太极拳解》[1]（略）

二、《十三势说略》[2]（略）

三、《四字密诀》[3]（略）

【评注】

（1）《太极拳解》：即见于"郝和本"《打手要言》中的一节内容，"身虽动，心贵静……渐至物来顺应，是亦知止能得矣。"

（2）《十三势说略》：即见于"郝和本"《打手要言》中的一节内容，"每一动，惟手先着力……周身节节贯串，勿令丝毫间断。"

（3）《四字密诀》："郝和本"不载，与"自藏本"同。

李福荫先生将武禹襄《打手要言》分为多篇，有的摇身成了"王宗岳"作品，有的另立篇章，不知是何缘由。然而，影响所及，其他人也对另外一部分未署名的歌诀、拳论草率确定作者。比如郝少如、徐哲东等人，就把《打手歌》等归于"王宗岳"名下。究其原因，不外乎两点：

第一，譬如郝少如，太极拳艺造诣精深，这无可置疑，但他毕竟不是太极拳历史研究者。"练习太极拳"与"研究太极拳"属于两门学科、两个范畴。郝先生无心之错，情有可谅。

第二，譬如徐哲东先生，虽然是研究者，但他仅仅见过李亦畬手书的"郝和本"，因为当时"自藏本"尚未露出庐山真面目，故而徐哲东误把"郝和本"当作"自藏本"来对待。

正因为徐哲东缺少李公的其他本子相互参照类比，从而导致大学者也出现失误。还有一些人做得更加离谱，甚至把清清楚楚标明武禹襄的拳论，也乱点鸳鸯谱，重新包装，改头换面冠以"张三丰"或者"王宗岳"的大名！比如被一些人炒作得玄而又玄的"乾隆太极拳抄本"，赫然署着"张三丰著 王宗岳注"。其实许多段落都是翻抄武禹襄的作品，正如徐哲东先生所指出的，"如姜容樵所称乾隆旧本，书中有武禹襄之文，则其缪可知矣。"而二水先生的评价更为准确，他写道："所谓的乾隆旧抄本，实则是拼杂着王宗岳、武禹襄等诸家太极拳论及形意拳论，另也夹杂戚继光、苌乃周等诸家枪谱、拳经的大杂烩。"比如武禹襄拳论中的名句"若物将掀起而加以挫之之力，斯其根自断，乃坏之速而无疑"，内涵深邃，耐人寻味，文采非凡。到了"乾隆抄本"则写为"譬之将植物掀起，而加以挫折之力，其根自断，损坏之速乃无疑"，变成清汤寡水，索然无味了。更有意思的是，"乾隆旧抄本"随着时间的推移，还在不断做着改头换面的"整容"。且看当代"姜容樵"们所称的"乾隆本"中几个语句：

"**左右宜有虚实处** 虚实宜分清楚，一处自有一处虚实，处处总此一虚实。周身节节贯串，勿令丝毫间断耳。"

"**待机而动如猫行** 先在心，后在身。松腹，气敛入骨，神舒体静，刻刻在心。切记：一动无有不动，一静无有不静。牵动往来气贴背，敛入脊骨。内固精神，外示安逸。迈步如猫行，运劲如抽丝。"

"**意上寓下后天还** 上下、前后、左右皆然。凡此皆是意，不是外面。有上即有下，有前即有后，有左即有右。如意要向上，即寓下意，若物将掀起，而加以挫之之力，斯其根自断，乃坏之速而无疑。"

"**运若抽丝处处明** 全身意在精神，不在气。有气者无力，无气者纯刚。气如车轮，腰似车轴。似松非松，将展未展，劲断意不断，藕断丝亦连。"

志英按：从文学角度分析，以上拳论歌诀，即黑体字语句，不妨再多举几个例子，如"束胁下气把裆撑""五趾抓地上弯弓""莫教断续一气研"等，行文粗糙，与后面注释部分根本不能相提并论。极富文采的注解部分，分明是武禹襄拳论，虽然和原文稍有出入，但这在传抄过程中是不可避免的。两者放在一起，水平悬殊，极不协调，造假痕迹一目了然。再者，后一部分根本不像对歌诀的注释，反倒像从后文中总结出一个很蹩脚的句子来。由此，反而衬托出武公禹襄的形象更加伟岸。

上文所谓的注释部分，其实已与民国版的"乾隆本"有了很大区别，今天的"乾隆们"又对拳论进行了修改、美化。举一例佐证：民国版"乾隆本"有这样一段话，"譬之将植物掀起，而加以挫折之力，其根自断，损坏之速乃无疑"。当代版"乾隆本"则抄袭武禹襄《打手要言》中的原句，"修改"为"若物将掀起，而加以挫之之力，斯其根自

11

断，乃坏之速而无疑"。再次造假，令人愤慨！

第六章　河北永年李亦畬先生著述

一、《五字诀附序》[1]（略）

二、《走架打手行工要言》[2]（略）

三、《十三势行工歌诀》[3]（略）

【评注】

（1）《五字诀附序》：与"郝和本"同，只是小序写作年代署为"清光绪六年岁次庚辰小阳月识"，即1880年农历十月。由此可知，此本较"郝和本"成谱要早一年。

（2）《走架打手行工要言》：与"郝和本"不同之处，多出一节"胞弟启轩文"，全文如下：

"胞弟启轩尝以球譬之：如置球于平坦，人莫克攀跻。强临其上，向前用力后跌，向后用力前跌。譬喻甚明。细揣其理，非舍己从人，一身一家之明证乎？得此一譬，引进落空，四两拨千斤之理，可尽人而明矣。"

（3）《十三势行工歌诀》：此解在"郝和本"中属于武禹襄《打手要言》中的一节内容，即"以心行气，务沈著，乃能收敛入骨，所谓'命意源头在腰隙'也……心为令，气为旗，身为主帅，身为驱使，所谓'意气君来骨肉臣'也"。不知何故，列为李亦畬作品，待考。

四、《论虚实开合》[1]

实非全然占煞，实中有虚；虚非全然无力，虚中有实。举一身而言，虽是虚实之大概，究之周身，无一处无虚实，总要联络不断，以意使气，以气运身，非身子乱挪，手脚乱换也。虚实即是开合，走架打手，着着留心，刻刻留意，愈练愈精，工弥久技弥精矣。（附图）

左虚右实图　　　　　右虚左实图

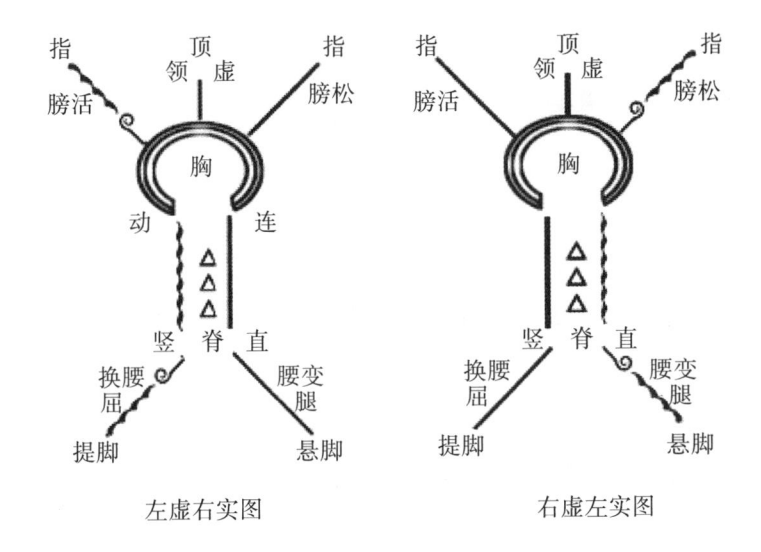

五、《撒放密诀》[2]

【评注】

（1）《论虚实开合》："郝和本"不载。

（2）《撒放密诀》：与"郝和本"同。

第七章　河北永年李启轩先生著述

一、《"敷"字诀解》[1]

"敷，所谓一言以蔽之也，人有不习此技而获闻此诀者，无心而白[2]于余。始而不解，及详味之，乃知'敷'者，包围周匝[3]，人不知我，我独知人。气虽尚在自己骨里，而意恰在彼皮里膜外之间。所谓：气未到，而意已吞也。妙哉！妙哉！"

太极拳谱后序：李集五著《刊印先祖亦畬公太极拳谱缘起》

【评注】

（1）《"敷"字诀解》："郝和本"不载。是对武公禹襄"敷、盖、对、吞"之"敷"的经典注释。

（2）白：没有效果。

（3）匝：周、圈儿的意思。

附录：

一、《先王父[1]廉泉[2]府君[3]行略[4]》[5]

【评注】

（1）先王父：旧时，祖父故去称为"先王父"。

（2）廉泉：武禹襄名河清，字禹襄，号廉泉。

（3）府君：唐代以后，碑铭行略一类的文章中，通称死者为"府君"。这里指的是武禹襄。

（4）行略：亦称行状、行述，是记述死者世系、籍贯、生卒年月和生平概略的文章。

（5）《先王父廉泉府君行略》：作者为武禹襄之孙武莱绪。此篇行略所记所述失实之处颇多，李启轩曾孙李正藩对此文评价不高，故不作引述评注。

二、《李公[1]兄弟家传》[2]

李公亦畲者，直[3]之永年人也，讳经纶，亦畲其字。考[4]贻斋先生，讳[5]世馨，廪贡生[6]，候选训导[7]。同治元年举孝廉方正[8]，不仕。卒于里第[9]。妣武孺人[10]，为予王姑[11]。生子四：公居长；次二承纶，光绪乙亥举人[12]；次三曾纶；次四兆纶。均有声痒序[13]。次四公前卒。

友白先生[14]，公世父[15]也。无子，以公为嗣。公事世父母，先意承志[16]，一如事其所生父母者。而于所生父母之晨昏安膳，又必省必定，必问必视，未尝[17]一委诸群季[18]。以故两家之父母，一几不知子之非己出，一并忘其子之为人后也。

公承欢之暇，尤嗜读书，文学咳备[19]，名噪一时。弱冠[20]补博士[21]弟子员。应京兆试[22]，一荐不售[23]，遂绝意进取，闭户课子侄读，约束甚严，非有故不得踰阈[24]。尝述其教弟子之旨于先王父禹襄公，曰："孔子曰：'惟上知与下愚不移'[25]。孟子曰：'自暴者，不可与有言也。自弃者，不可与有为也[26]。'窃惟孔子之意，二者之质不数觏，大抵皆中人可与人道，顾视力行何如耳！觏今世之人，童蒙入塾，垂老无成，其自暴弃，诚有如孔子所云，抑亦为之父兄者，中也弃不中，才也弃不才之过也[27]。不则诲之而倦，一暴而十寒也。譬之治田，粪种弗[28]勤，灌溉弗力，耕耨[29]弗深，至苗不实，曰，是苗之咎，吾见老农过而笑之。孟子不云乎：'五谷者，种之美者也，苟为不熟，不如荑稗[30]。'荀子曰：'跬步不休，跛鳖千里；累土不辍，邱山崇成[31]。'杨子曰：'有刀者砺诸，有玉者错诸，不砺不错焉攸用[32]。'韩子曰：'业精于勤，荒于嬉[33]。'之数子者，皆先师大儒，予不敏，窃佩其言，故予课儿辈，一以勤且熟为本[34]。"时先王父亦以诗礼训不肖兄弟，闻之深韪其说[35]。

王父府君[36]公所从学拳法者也。先是河南陈某[37]，善是术[38]，得宋张三丰[39]之传。先王父好之，习焉而精，顾未尝轻以授人[40]，恐不善用滋之弊也。惟公来，则有无弗传，传无弗尽，口诏之，颐指之，身形容之，手足提引之，神授而气予之。公亦步亦步，趋亦趋，以目听，以心抚，以力追，以意会。凡或向或背，或进或退，或伸或缩，或萦或拂，无不穷极幼眇，而受命也如响[41]。倘所谓用志不分，乃疑于神者邪[42]？

已而[43]，郑中丞元善[44]，督师河南，闻公名，延请入幕[45]。公参赞军务，咸中机要。中丞[46]上吏功于朝，公名列焉，得旨以巡检[47]用矣。公澹泊无仕宦情，闲关归去[48]。归里后，益不自暇逸，遇有义举，任之罔有缩朒[49]。故当事咸敬爱公，服公有卓识，数以事问策于公。公必统筹全局，谓若何而利，若何而弊，尽达其胸臆所欲语，以期有裨[50]于乡间而止。如障滏河，修道路，扑蝗蝻，皆公身亲之，啧啧在人口，兹不缕述。述其有功德于民之远且大者，莫如种牛痘一事，盖省三公尤善其术云。

……（略）[51]

壬辰[52]秋，母儒人有疾弗豫[53]。公兄弟侍奉汤药，恒通昔[54]不寐。儒人考终[55]，均哀毁逾礼，时八月二十九日也。至十一月八日，亦畬公继卒。十二月十九日，省三公又卒。亦畬公春秋六十有一。省三公五十三。亦畬公子二：宝廉、宝让。省三公子三：宝极、宝相、宝三。宝极，廪膳生。

武延绪曰：乌呼[56]，自予王姑之殇[57]也，予祖之兄弟，盖无复存焉者矣！曩[58]以见王姑者见予祖，今竝[59]王姑不可见矣！抑犹有幸焉，予父兄弟行，各健在无恙也，各能抚柩哭，为予王姑服[60]也。未几，而表世父亦畬公卒；未几，而表叔父省三公又卒；未几，而予又有季父[61]之丧，年不逮棋[62]，公家罹凶者三[63]，予身痛哭者四[64]，未尝不以哭王姑者哭予祖，又未尝不以哭诸父者哭予父也[65]。顾[66]吾以为人苟[67]不足轻重，死则死耳，而如公兄弟及予季父，皆所谓吾乡不可少之人，既不能得一当[68]以大有为于时，又不幸而不永年[69]于世，微独予两家之戚[70]，抑亦吾乡之不造以至斯也[71]。彼苍者天，歼我良人，胡至此极邪[72]？抑又闻之，哀毁过情，致足殒生，似仁人孝子之死亡，天容不职其咎[73]，然以谓公兄弟则有之，而如予季父者，当丧予王父时，其哀毁未有以异予二公之为也，而顾未尝死，直至今而卒[74]然以死，其谓之何哉？其谓之何哉[75]，乌呼！

赐进士出身[76]翰林院[77]庶吉士里人[78]武延绪撰并书[79]。

## 【评注】

（1）公：对人之尊称。此处"李公"指李亦畬先生。

（2）《李公兄弟家传》：为武禹襄之孙武延绪所撰写，文中对李亦畬的学行及向母舅武禹襄学拳情况，以及和胞弟曾纶等对社会所做的有益事业，均有详细记述。此文是研究早期太极拳和李亦畬宗师学拳、研拳的最佳文献。由于文章古奥，字多异体，为读者所苦。为了方便更多太极拳爱好者阅读本文，以利对太极拳的研究，笔者此番评注是以恩师武公文翰曾经的注释为基础，略作增益，以飨读者。

武延绪，生于1857年，卒于1917年。字次彭，号亦暖。武禹襄之孙。父用怿，字悦民，同治壬戌举人，早卒。延绪光绪壬辰科进士，授翰林院庶吉士。三年散馆，授湖北京山县知县，有政声。宣统元年署归州知州。辛亥鼎革，归里侍母，精书法，擅考据，著《所好斋札记》及《所好斋集》。亦习太极拳，但未精研。

（3）直：直隶省，民国改称"河北省"，即今天的河北省。

（4）考：旧时称亡父为考。《礼·曲礼》下："生曰父，曰母，曰妻。死曰考，曰妣，曰嫔。"亡母为妣。

（5）讳：避讳。旧时不敢直呼帝王或尊长的名字，叫作"讳"。

（6）贡生：清制，生员，即秀才被选升入京师国子监读书者，称为贡生。廪，古时米仓叫作"廪"。清代秀才成绩优秀者，每月给银四两，谓"食廪"，享受这一待遇的秀才称廪生。上二者兼得者，称"廪贡生"。

（7）训导：清制，县校设教谕，称为"训导"，掌文庙奉祀，管理所属文武士子，谓之校官，亦称教官。候选训导是已取得训导资格，尚在等待吏部选用。

（8）举孝廉方正：举，举荐。清代自雍正起，新帝即位，由总督巡抚举荐孝廉方正，授以六品顶戴。乾隆以后，改为由地方官保举，经吏部考察得任用为州县与教职。

（9）里第：私人住宅。此处指家或家乡。

（10）孺人：古代丈夫做官，妻子顺带受赠封，孺人是七品。

（11）予王姑：予，我。王父、王姑，《尔雅·释亲》："父之考为王父。"故旧时写文章时称已故的祖父为"王父"，已故的姑祖母为"王姑"。李亦畬的母亲是武禹襄的姐姐，即武延绪之姑祖母。

（12）举人：清制，每三年在各省省城举行一次考试，称"乡试"，凡本省生员、监生均可应试，考中者称"举人"。李承纶，字启轩，是光绪乙亥（1875年）恩科举人，与兄亦畬同学太极拳于母舅禹襄，和杨班侯年龄相当，十分友好，曾多次抄录拳论赠于班侯。

（13）庠序：古代地方设立的学校。殷曰序，周曰庠。明、清两代各府、州、县都设有儒学，考中秀才的士子，称"在庠"。"有声庠序"是说曾纶、兆纶都是有名气的秀才。

这段文章陈述了李亦畬的家世，以及与作者的关系。

（14）友白先生：李世馨兄长。

（15）世父：古语指大伯父。《尔雅·释亲》："父之昆弟，先生为世父，后生为叔父。"友白先生无子，过继李亦畬为嗣子，即是其继父。

（16）先意承志：意谓亦畬能秉承继父、继母的意志，让二老愉悦。

（17）尝：曾经。

（18）群季：指李亦畬之诸弟。

这段文字着重讲述李亦畬对嗣父母及生身父母的孝行。

（19）咳备：咳，通"赅"，兼备之意。

（20）弱冠：古代贵族男子20岁行冠礼，后世就为男子20岁之习称。

（21）博士：旧指专门掌管儒家经学传授的国家学官。博士弟子员：汉武帝设博士官，置弟子50人。唐以后称生员（秀才）为博士弟子。

（22）京兆试：清制，凡士子纳粟入监者，准与顺天乡试，名曰北闱。

（23）一荐不售：未能考中。

（24）踰阈：踰，通逾，越过；阈，门槛。踰阈，意谓不得随便外出。

（25）惟上知与下愚不移：语出《论语·阳货》。知，通"智"；不移，不易改变他的性情。

（26）自暴者，不可与有言也。自弃者，不可与有为也：语见《孟子·离娄（上）》。大意是说对不讲礼义的人，不能和他讲论道理；对轻视自己的人，不能与他有什么作为。

（27）窃惟孔子之意，二者之质不数觏，大抵皆中人可与入道，顾视力行何如耳！觏今世之人，童蒙入塾，垂老无成，其自暴弃，诚有如孔子所云，抑亦为之父兄者，中也弃不中，才也弃不才之过也：窃，谦词，表示私自、私下；觏，观看。这段话的大意是说上智和下愚的人，是不多见的，大都是中等资质的人，是可以传授孔孟之道的。但不少人到老也没有成就，恐怕是做父兄管教不严的缘故。

（28）弗：不。

（29）耨：书面语，指除草。

（30）五谷者，种之美者也，苟为不熟，不如荑稗：语见《孟子·告子（下）》。荑，草木初生的嫩芽。

（31）跬步不休，跛鳖千里；累土不辍，邱山崇成：语出《荀子·修身》。现在的两步，古代称"步"；现在的一步，古代称"跬"。

（32）有刀者砻诸，有玉者错诸，不砻不错焉攸用：语见杨雄《法言·学行篇》。砻，同"砻磨"；错，错的古体字。这段话的大意是刀不磨，玉不错（琢），是没有用途的。

（33）业精于勤，荒于嬉：语见韩愈《进学解》。

（34）之数子者，皆先师大儒，予不敏，窃佩其言，故予课儿辈，一以勤且熟为本：通过这番言论，可以得知李亦畲的教学态度和方法。

19

其态度是诲人不倦，方法是勤熟（深透）为本。

（35）闻之深韪其说：韪，对、是。武禹襄同意李亦畬的见解。

（36）府君：唐代以后，碑铭行略一类文章中，通称亡者为府君，此处指武禹襄。

（37）陈某：指河南省温县赵堡镇名拳师陈清平（1795—1868）。1852年武禹襄曾向他问艺，得其拳技奥秘。

（38）是术：是，指示代词，这；这个。是术，这种拳术。此处含义模糊，指代不清。李亦畬从母舅武禹襄所学，和武禹襄从陈清平研究问艺之术是两种不同的拳术。该文中草率地以"是术"两字一笔带过，有待商榷。

（39）张三丰：宋、明各有一张三丰，所记曾创"内家拳"。清末民初，已出现张三丰创太极拳之说。然立论单薄，不足为信。武延绪非专事研究太极拳之士，沿用此说，无心之错，大可原谅。

（40）未尝轻以授人：武延绪称其祖虽拥有绝技，但不轻易传授于人。

（41）惟公来……而受命也如响：目听，视人语态即知其意，词出《列子·仲尼》。幼眇，眇通"妙"；"窈极幼眇"出自《汉书·元帝纪赞》；如响，指反应迅速；邪，同"耶"；倘，或许、假如、如果。此句写武禹襄传授李亦畬拳技的情况，文字生动传神，栩栩如生，使读者好像置身其中，如见其人，如闻其声。由此可知，学练太极拳，不仅要口授身演，还需手把手教练，板正拳架，授以心法，才可能有更多获益。

（42）倘所谓用志不分，乃疑于神者邪：大意为或许是那种专心致志的学习态度，使他达到了神明境界吧！

（43）已而：不久。

（44）郑中丞元善：字体仁，号松峰（1799—1878），直隶广宗县人。道光进士。咸丰年间，郑元善和毛昶熙等人创办"大（名）顺

（德）广（平）团练会"，以御捻军。1861年升河南省巡抚。

（45）入幕：古代军中张幕以居，将帅所在处称为"幕府"。后来将受地方长官聘请协助处理公务的人员称为"入幕"。

（46）中丞：清制，巡抚处理一省之政务，为最高行政官。中丞是对巡抚的尊称。此处指郑元善。

（47）巡检：明、清之世，凡离县城较远的镇市关隘设巡检司。长官称"巡检"，是县级武官。

（48）闲关：象声词。指车轮磨擦的声音。闲关归去，指李亦畬未去就职而乘车归里。典出《诗经·小雅》。

（49）缩朒：退缩。

（50）裨：书面语。益处。

（51）这段是介绍李亦畬三弟李曾纶（字省三）的经商术以及同长兄李亦畬为小儿种牛痘等善举，文字较长，且与太极拳无关，故略去。

（52）壬辰：即1892年。

（53）弗豫：旧时对尊长勤病危之用词。

（54）昔：通"夕"。

（55）考终：寿终。

（56）乌呼：同"呜呼"，伤叹词，有时也作死者的代称。旧时祭文中常用。

（57）殁：同"殁"，寿终。

（58）曏：同"向"，先前。

（59）竝：并的本字，今多写作"并"。

（60）服：指着丧服。

（61）季父：叔父。

（62）逮稘：逮，及也；稘，同期，周年。本句意思是不到一周年。

（63）公家罹凶者三：罹，作"遭遇"解。本句指武儒人李亦畬、李省三相继去世。

（64）予身痛哭者四：指作者祖父武禹襄（1880年逝世）、长伯祖父武澄清（1884年逝世）、仲伯祖父武汝清（1887年逝世）与叔父相继去世。

（65）未尝不以哭王姑者哭予祖，又未尝不以哭诸父者哭予父也：作者父亲武用悇于同治五年（1866年）去世，当时作者还年幼。故作者说，哭王姑的同时，也是哭泣自己的祖父；哭表伯、表叔、叔父的同时，也是在哭自己的父亲。

（66）顾：转折词，同"可是"。

（67）苟：假使；如果。

（68）当：当权，当政。

（69）不永年：寿命不长。

（70）微独予两家之戚：微独，不只；戚，悲伤。本句大意是不仅是我们两家的悲伤。

（71）抑亦吾乡之不造以至斯也：抑，转折词；不造，不幸；斯，此。本句大意为也是我们家乡的不幸。

（72）彼苍者天，歼我良人，胡至此极邪：苍天，指天神；胡，何故、缘故；极，极点。语出《诗经·秦风·黄鸟》。

（73）天容不职其咎：容，容许；职，责任；咎，询问。

（74）卒：通"猝"，突然的意思。

（75）其谓之何哉：这种情况如何解释呢？

本节作者陈述武、李两家连遭丧事，悲愤之情，溢于言表。

（76）赐进士出身：清制，由举人应试经总裁取中者，称贡士，可以应殿试。贡士应殿试取中者，有一甲、二甲、三甲之分。一甲一名，赐进士及第。二甲若干人，赐进士出身。三甲若干人，赐同进士出身。武延绪系二甲进士，故为"赐进士出身"。

（77）翰林院：明、清两代以翰林院为"储材"之地，集二甲、三甲的贡士，经大臣考试，取定等级，称为"朝考"。朝考优等者授翰林院庶吉士，其次充六部主事，再次即用知县。

（78）里人：同郡县之人。

（79）武延绪撰并书：该文原系碑文，由武延绪撰书丹。

武延绪为前清翰林，工文学，善写作。该传记写得层次分明，重点突出，跌宕起伏。有叙述，有说明，有论理，有抒情，挥洒自如。即使与历代名散文相比，也毫不逊色。如此情文并茂之作，在武术人物的传记中更是古来罕见。也正是有了像武禹襄、李亦畬、武延绪等一代代文人雅士的参与，使太极拳赋予了文人化色彩，具有浓郁的传统儒家文化特色。

三、《李公亦畬高足郝为真先生行略》[1]

府君郝氏，讳和，字为真。河北永年人也。生而颖悟，秉性诚孝，读书数遍辄[2]不忘，塾师异之。未几，家道中落，乃废学经商，以养双亲。先意承欢，毕恭毕敬，孝声斐[3]于乡党。迨[4]先王父殁[5]，又遵嘱于县邑南关近郊[6]择地为茔，以安窀穸[7]。

府君于奉亲经商之余，酷嗜拳艺，好读书。先习外家拳，后以其不轻妙灵活非击技上乘，改习太极拳。从邑绅李亦畬先生学，潜心致志，二十年如一日。造诣精纯，犹不自矜。每有来访者，府君常谦逊和蔼，无凌人气。偶与之较，辄能随手奏效，奥妙莫克言喻，以是访者必拜为师而后去。府君亦必谆谆教导，不遗余力。学拳艺者，无士农，无远近，咸师事焉。以故桃李满门，演为一派，流传弗替[8]。

府君性敦朴，黜纷毕，不慕荣利。清光绪末年，直隶总督袁公[9]聘府君教其子侄，使使[10]持书来，却之。又托邑绅胡太史月舫[11]就近敦劝，卒以病辞。其守身之严类如此。

民国初[12]，府君入京访友，适武术学社[13]成立，屡聘为教授，不就。完县孙福全[14]，即于是年执弟子礼。居京因患腹泻返里，吾永省立中学校暨县立高级小学校，闻府君归，爰[15]来延聘，府君以情关桑梓[16]，不获辞，乃兼充两校武技教授，时年六十余矣。颇好古书，授课毕，退居斋内，观古人格言及各种史书，寒暑不易，故人咸服其诚。校内学生有时相聚为戏，见府君自外来，遥相戒曰："郝先生至矣！"率走散。府君七十二而卒，众弟子来哭曰："吾辈从先生游，敬畏先生之容貌，不敢自暇自逸，今且老获免于戾[17]，是亦先生之赐也。吾侪[18]所得于先生者，其独拳艺哉！"既葬，门人李福荫[19]、韩文明[20]、张振宗[21]等思慕不忘，立石墓前，以为纪念，并陈俎[22]豆而祀之。

此府君生平大略也。

男　　文勤
　　　文桂
　　　文田　　谨述
　　　文林

【评注】

（1）《李公亦畬高足郝为真先生行略》：虽署名为郝为真四子所述，但实际作者不详。该行略评注是在恩师武公文翰注释基础上略作补充。

（2）辄：书面语。就的意思。

（3）斐：显著。

（4）迨：书面语。等到。

（5）殁：音读mò。书面语，死。

（6）县邑南关近郊：县邑南关，即指广府城南关。2010年8月被拆迁，甚为可惜。此处所指"近郊"，位于莲花口村北，现已被水淹，成为永年洼淀的一部分。

（7）窀穸：音读zhūn xī。书面语，指墓穴。

第一自然段主要写郝为真的家庭状况和他的品行。

（8）以故桃李满门，演为一派，流传弗替：武禹襄、李亦畬极少授徒，此脉太极拳是由郝为真继承、发展并广为传播的。因此，早期称为"郝架""郝家"或"郝氏太极拳"。自20世纪60年代始，才逐渐通称为"武式太极拳"。因此，太极拳界有"武式拳，李氏继，郝家传"之说。

第二段主要写郝为真学拳、练拳、教拳、传拳的情况。

（9）袁公：即袁世凯。郝为真厌恶袁的为人，因而不接受聘请。后推荐弟子陈秀峰（永年何营村人，秀才，也是杨班侯弟子）前往。

（10）使使：第一个"使"，是动词，派的意思。意为派使者、派人。

（11）胡太史月舫：胡景桂，字月舫。清末广府城西街人。任翰林院编修。自幼聪颖，倜傥不羁。接受新思想，反对封建礼教。曾力劝家族中某寡嫂改嫁，而遭到当时乡人所弃。书法造诣不俗，曾经代新科状元为慈禧题写扇面。

（12）民国初：泛指，实为1914年。

（13）武术学社：一说为许禹生等创办的"北平体育研究社"，一说为"武士会"，待考。

（14）孙福全：孙禄堂，字福全。精于形意拳、八卦掌，侍师郝为真学太极拳，后被尊为孙式太极拳创始人。

（15）爰：书面语，于是。

（16）桑梓：语出《诗经·小雅》："维桑与梓，必恭敬止。"是说家乡的桑树和梓树是父母种的，对它要表示敬意。后人用来借指故乡。

（17）戾：乖张。意即怪癖，不讲情理。

（18）侪：书面语，同辈。

（19）李福荫：字集五。李启轩之孙，父名宝琛。1913年，毕业于河北省保定高等师范学堂理化系。曾任河北省立第十三中学训育主任。7岁随父学拳，后又拜在郝为真先生门下，朝夕受教近20年，颇多体会。

（20）韩文明：1885—1958，字钦贤。广府北街人。16岁拜师郝为真先生学习太极拳。1930年，出任永年国术馆馆长。

（21）张振宗：1882—1956，字玉轩。永年西杨庄人。精于中医外科。侍师诚孝，曾在广府城内迎春街购房一所，供郝师为真居住。

（22）俎：陈放供品的祭器。

第三、第四自然段主要用具体事例来说明郝为真的品德与操守，以及他在武术界的巨大影响。

该行略写得朴实自然，绝无哗众取宠之处，是研究民国时期太极拳传承状况的珍贵历史资料。

四、《太极拳前辈李亦畬先生轶事》[1]

河北永年县太极拳之泰斗李亦畬先生在咸同之际[2]全国驰名，先生得其精深于武禹襄先生。禹襄先生得之于陈家沟[3]，而太极拳名家郝为真先生又是李亦畬先生之高足也。李先生有孙曰子固，名槐荫[4]，向供职于太原，忠实干练，长于文学。能述其先祖之轶事，极为翔实，今录如下：

有苗兰圃者，公之表弟也。武生，有膂力。某日，公与饮酒后，兰圃公曰："兄真能打人乎？"公曰："弟如与试，请来打我。"当时，亦畬公坐椅上，两手扶椅肘。兰圃公用两手扶公肩，竭力按之，曰："能让我动乎？"公一哈曰："你坐于对面凳上吧。"言未终，兰圃已坐凳上矣！兰圃公曰："兄双手未动，竟能置我于八尺之外，神乎技矣！"

有葛福来者，清河[5]人，业镖师，精八方捶。某年过永年，托沿村[6]刘洛香介绍来访，要求比试。公再三谦让，未与动手。翌年复来，坚与一试。公再让不获，遂曰："有门人郝和，尚未学得一半，请与他试。"即唤郝和至，公曰："不许郝和动，请君打他。"福来起手连打三次，反被打出。福来惭甚曰："我业镖师二十年，奔走四方数千里。闻有名家，辄往领教，终未有能胜余者，不意公技之神妙若是也。"即跪地请其收为门生焉。

某日，公在家有喜事，贺客盈门。有老僧者，相貌魁伟，亦来与贺。饮之酒，不辞，席散告退。亦畬公同启轩公——先生之弟——送之门外。当老僧来时，亦畬公以其为弟友，启轩公以其为兄友，均不介意。及送僧去后，互相询问，则均不识，更不知其因何而来。次日，门人郝和到温姓茶馆品茗。温姓谓郝和曰："昨日一老僧到李府贺喜，席散后来此处饮茶。言李大先生之武技甚精，洵名不虚传。"温某曰："李大先生向不与人比手，汝何知之？"曰："我练拳一生，云游四方，终未遇敌手。久闻其名，特来造访，适李府有喜庆事，我即贸然往贺。贺毕，李大先生兄弟送我门外，我以二膊让回。李大先生亦以二膊强送。当两方之膊相接触时，我即站立不稳。惜乎我老矣，不能投拜门下也。"言毕，犹唏嘘不置云。此郝为真所目睹而详述者。

**【评注】**

（1）《太极拳前辈李亦畬先生轶事》：所记"轶事"虽"极为翔实"，但该文并未著作者姓名，实为一缺憾。

（2）咸同之际：即咸丰、同治年间。

（3）禹襄先生得之于陈家沟：该文虽不知是何人所作，但肯定写作时有所敷衍。所记三件事，毫无疑问非为杜撰，是听之于李子固先生所述。然此句"得之于陈家沟"就显得非常草率、随意了，由此可见该文作者并未读过《李氏太极拳谱》就写下此文。因为该谱《太极拳小序》

中写得清清楚楚，根本没有武禹襄去陈家沟的一丝一毫记载，怎能有"得之于陈家沟"之说呢？这分明是道听途说、子虚乌有而已。

（4）李先生有孙曰子固，名槐荫；父名李公宝廉。李槐荫，字子固。1924年，毕业于南京高级警官学堂。21岁，分配至山西省和顺县任警察局局长。次年，调任太原县任警察局局长。

（5）清河：当时属于广平府管辖。

（6）沿村：即今之南沿村，原为永年属地，现划归邯郸市高开区管辖。

从以上三次比手事件可知，旧时江湖武者试技或者约架，是有规矩可循的。讲究分寸，讲究点到为止。那时比武形式由此可见一斑。


五、《亦畬先生之高足郝为真先生之轶事》[1]

民国三年秋，郝先生应友人之约至北京游览。抵京后，寓武术学社，该社多系形意名家。先生赋性[2]和蔼，言语谦恭，向无门户之见。与众人处，甚相得[3]，惟总不与人交手。有孙禄堂者，名福全，河北完县人，长于形意八卦名拳。因闻先生名，愿拜门墙。先生谦逊不获，略与讲解，禄堂即心悦诚服，侍奉甚殷。时先生因水土不服，患泄痢。夜半如厕，禄堂常扶之行，先生稍用沉劲，禄堂即站立不稳。因曰："吾师泄痢多日，日必十数次，犹能玩我若弄婴儿，使我不服其技，呜呼可？但惜吾师不能常住京城，令弟子朝夕受教也。"[4]先生留京二月余，即归里，就河北省立中学武术教员。

永年城西北洛阳村，有刘寿者，长于外家硬工拳[5]，手能绝铁链，身能遏[6]猛烈之滚石。每与人斗，辄胜。因思与先生略试其技，及晤面时，先生曰："我不动，请来打我。"寿出手甫挨其身，即跌出五尺之外。再试再跌，心始诚服，再四恳求，始拜门下。

**【评注】**

（1）《亦畬先生之高足郝为真先生之轶事》：作者不详，全篇行文流畅，写作手法平实自然。

（2）赋性：天性。

（3）相得：相处融洽。

（4）有孙禄堂者……令弟子朝夕受教也：此节文字较为详细地介绍了孙禄堂师从郝为真先生学拳的经历，由此可见郝为真先生在当时武术界的影响。同时，为研究武式太极拳和孙式太极拳之间的关系提供了帮助。

（5）硬工拳：应为硬气功。

（6）遏：阻挡、阻止。

## （三）"郝和本"介绍

"郝和本"成谱于1881年，此本于郝为真先生逝世后，传于次子月如。当传至月如手时，拳谱纸墨因天长日久而剥损严重。月如弟子张士一目睹后，感觉十分可惜，便建议修复。月如同意后，士一便将该谱携归苏州，交于师古斋修裱如新。"展而读之，益觉心香不已"（张士一语）。月如卒后，拳谱传子少如。现由少如先生弟子、上海人王慕吟（自名"郝吟如"）抑或是少如的女儿郝文瑛（志英按：郝少如女儿为人低调，现居住在西安，业余教拳）保存。"郝和本"内容于下列书谱中有公示：

徐震著《太极拳谱理董辨伪合编》、郝振铎（1909—1973，郝为真族侄孙）编印的《郝为真开合太极拳谱》、郝少如著《武式太极拳》。顾留馨先生在其所著《太极拳术》第371—379页，影印出"郝和本"

的全部内容,并附录有姚继祖先生提供的"自藏本"中武禹襄一篇拳论——《禹襄母舅太极拳四字不传密诀》的原件照片。

该本拳谱流传最广、影响最大,尤其在民国年间、新中国成立初期,太极拳界对其十分重视。比如冯超如先生(1890—1974,名卓,笔名侠衲,陕西大荔人,郝月如弟子)参加过辛亥革命起义军,任少将参议等职,后来担任于右任(时任国民政府监察院院长)秘书,并兼任监察院所属审计部会计科科长、会计处处长。他曾为这本拳谱题词——"家宝国光"。然而,到了当代,出于种种原因,太极拳传人对包括"郝和本"在内的李亦畬太极拳谱的基本信息鲜有人知,更别奢望认真对待和研究了。也正因为如此,武禹襄、李亦畬拳论在传抄流布过程中出现张冠李戴或枉加作者姓名,以及词句添加漏删等情况。本文要做的,就是依据"郝和本"原著,并参以"自藏本"进行甄别评述,还原这些经典拳论的真貌,供大家参考、学习、揣摩、研究。

"郝和本"封面题写《王宗岳太极拳论》,下署两行小字:"后附小序并五字诀""郝和珍藏"。

"郝和本"封面

"自藏本"封面题名《太极拳论》，下署两行小字："后附小序并五字诀""亦畬珍藏"。请注意："自藏本"中删去"王宗岳"三字，令人玩味，值得思考推敲，存疑待考。

"自藏本"封面

"自藏本"内文一

"自藏本"内文二

"郝和本"为工笔小楷书写,格式规范,就书法而言,也堪为艺术珍品。内文共计33页,每页多为8行,每整行16个字。篇目依次为:

《山右王宗岳太极拳论》《十三势架》《身法》《刀法》《枪法》《十三势》《十三势行工歌诀》《打手要言》《打手歌》《打手撒放》《太极拳小序》《五字诀》《撒放密诀》《走架打手行工要言》。

再加上"自藏本"中的两篇,共计16篇:

《禹襄母舅太极拳四字不传密诀》(简称《四字不传密诀》)《打手法》。

以下附图为从网上搜索到的"郝和本"内文照片,经王慕吟先生等鉴定后,确定为"郝和本"原件照片。全谱照片如下:

封面

第一页

第二页

右重則右虛仰之則彌高俯之則彌深進
之則愈長退之則愈促一羽不能加蠅虫
不能落人不知我我獨知人英雄所向無
敵蓋由此而及也斯技旁門甚多雖勢
有區別概不外壯欺弱慢讓快耳有力
無力手慢手快是皆先天自然之能非
關學力而有也察四兩撥千斤之句顯非
力勝觀耄耋禦衆之形快何能為立如秤

第三页

進退活似車輪偏沈則隨雙重則滯每見數
年純功不能運化者率自為人制雙重
之病未悟耳欲避此病須知陰陽粘即是
走走即是粘陰不離陽陽不離陰陰陽相
濟方為懂勁懂勁後愈練愈精默識揣摩
漸至從心所欲本是舍己從人多誤舍近
求遠所謂差之毫釐謬之千里學者不可
不詳辨焉是為論

第四页

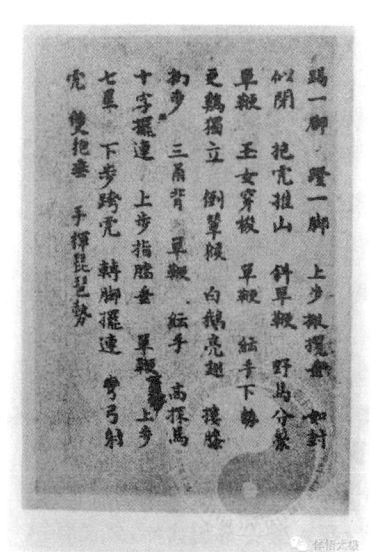

十三勢架。

攬扎衣　單鞭　提手上勢　白鶴亮翅
摟膝拗步　手揮琵琶勢　上步搬攬捶　如封似閉
抱虎推山　單鞭　肘底看捶　倒攆猴
白鶴亮翅　摟膝拗步　三甬背　單鞭
紜手　高探馬　左右起腳　轉身踢一
腳　踐步打捶　翻身二起　踢身

第五页

踢一腳　蹬一腳　上步搬攬捶　如封
似閉　抱虎推山　斜單鞭　野馬分鬃
單鞭　玉女穿梭　單鞭　紜手下勢
金雞獨立　倒攆猴　白鶴亮翅　摟膝
拗步　三甬背　單鞭　紜手　高探馬
十字擺連　上步指膛捶　上步
七星　下步跨虎　轉腳擺連　彎弓射
虎　雙抱捶　手揮琵琶勢

第六页

身法
涵胸 拔背 裹裆 護臀 提頂
吊襠 騰挪 閃戰
刀法
裹首腕 外首腕 挂腕 探腕
擔法
平刺心窩 斜刺膀尖 下刺脚面
上刺頭項

第七页

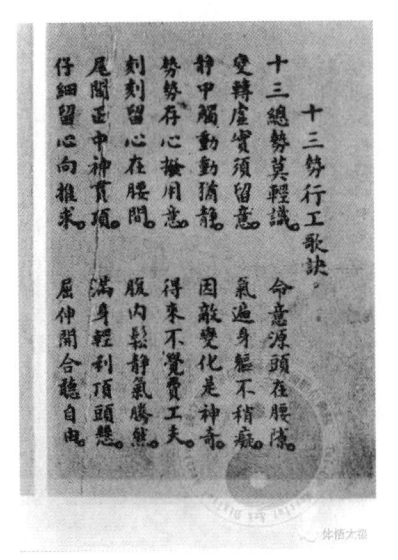

長拳者如長江大海滔滔不絕也十三勢
者掤攦擠按採挒肘靠進退顧盼定也掤
攦擠按即坎離震兌四正方也採挒肘靠
即乾坤艮巽四斜角也此八卦也進步退
步左顧右盼中定即金木水火土也此五
行也合而言之曰十三勢

十三勢一名長拳一名十三勢

第八页

十三總勢莫輕識 命意源頭在腰隙
變轉虛實須留意 氣遍身軀不稍癡
靜中觸動動猶靜 因敵變化是神奇
勢勢存心揆用意 得來不覺費工夫
刻刻留心在腰間 腹內鬆靜氣騰然
尾閭正中神貫頂 滿身輕利頂頭懸
仔細留心向推求 屈伸開合聽自由

十三勢行工歌訣

第九页

入門引路須口授 工用無息法自休
若言體用何為準 意氣君來骨肉臣
詳推用意終何在 益壽延年不老春
歌兮歌兮百四十 字字真切義無疑
若不向此推求去 枉費工夫遺歎惜

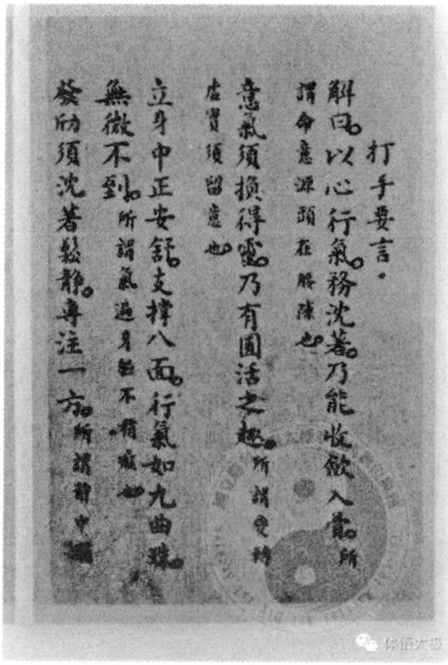

第十页

第十一页

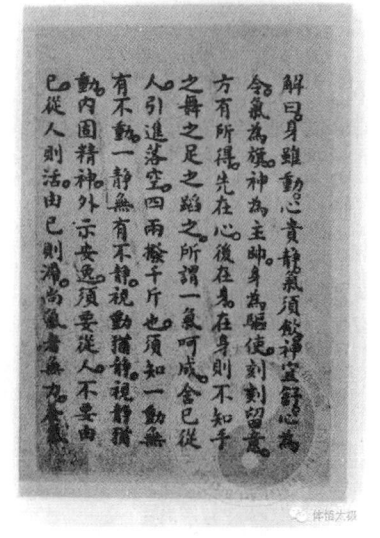

第十二页

第十三页

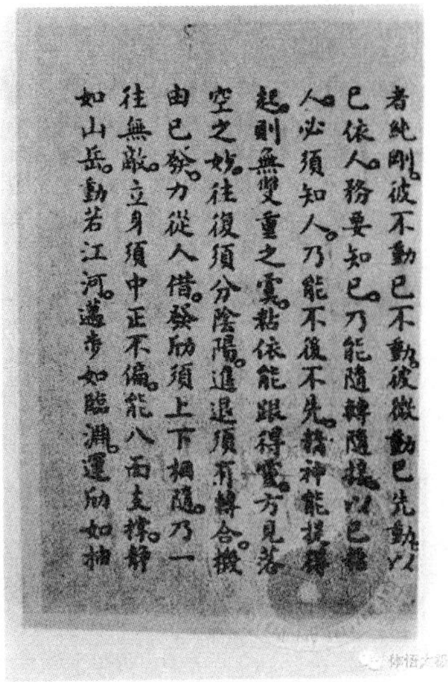

第十四页

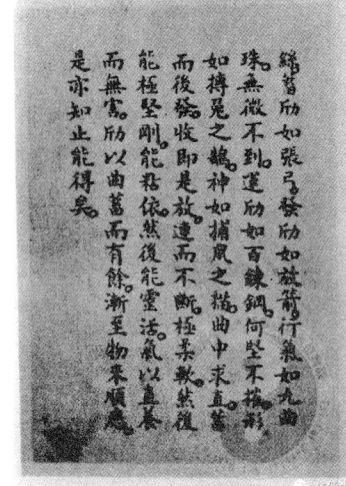

第十五页

第十六页

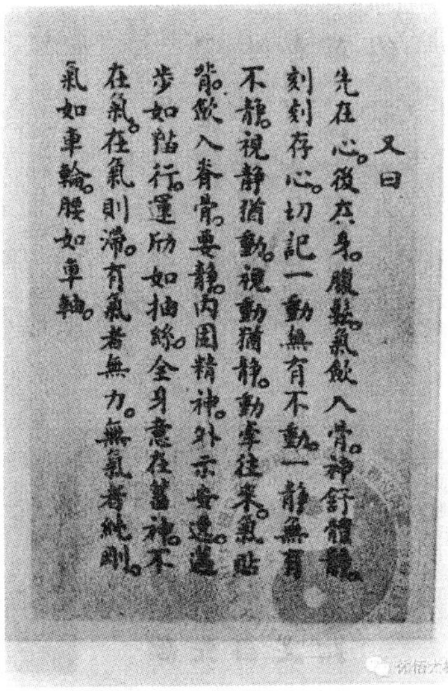

第十七页

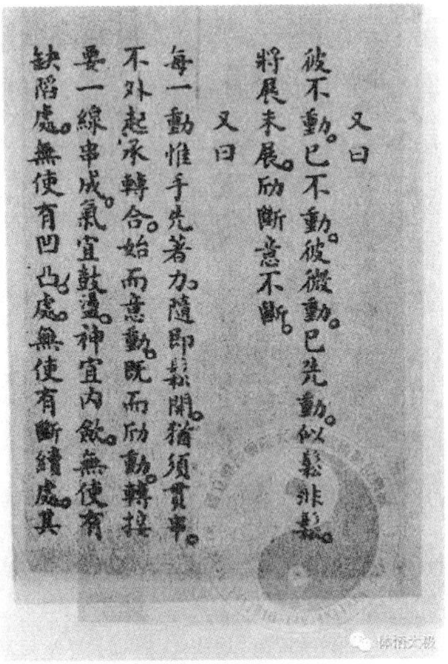

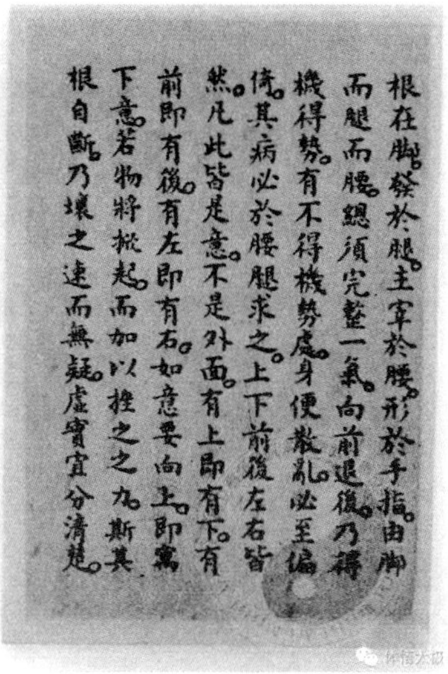

根在脚发於腿主宰於腰形於手指由脚而腿而腰总须完整一气向前退后乃得机得势有不得机势处身便散乱必至偏倚其病必於腰腿求之上下前後左右皆然凡此皆是意不是外面有上即有下有前即有后有左即有右如意要向上即寓下意若物将掀起而加以挫之之力斯其根自断乃坏之速而无疑虚实宜分清楚

第十八页

一处自有一处虚实处处总此一虚实
周身节节贯串勿令丝毫间断

禹襄武氏并识

第十九页

打手歌
掤捋挤按须认真
上下相随人难进
任他巨力来打我
牵动四两拨千斤
引进落空合即出
沾连黏随不丢顶
打手撒放
掤 上平声 业 入声 噫 上声 咳 入声 呼 上声
吭 呵 哈

第二十页

太极拳小序

太极拳不知始自何人其精微巧妙王宗岳论详且尽矣後传至河南陈家沟陈姓神而明者代不数人我郡南关杨某爱而往学焉专心致志十有馀年备极精巧旋里後市诸同好母舅武某襄见而好之常與比校伊不肯轻以授人仅能得其大概素闻豫省怀庆府赵堡镇有陈姓名讲

第二十一页

第二十二页

第二十三页

第二十四页

第二十五页

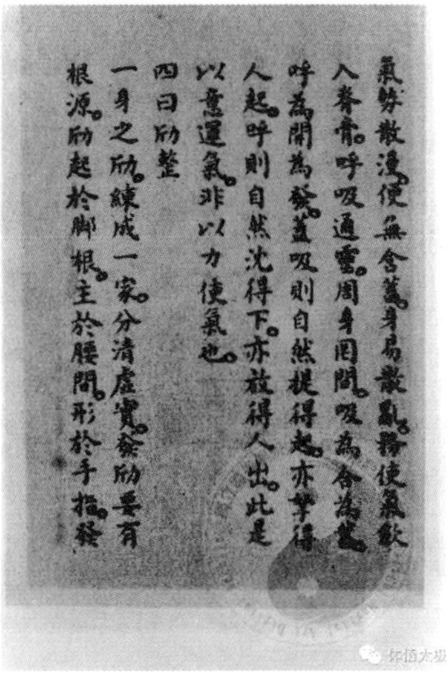

第二十六页

气势散漫便无含蓄身易散乱務使气敛
入脊骨呼吸通靈周身罔間吸為合為蓄
呼為開為發盖吸則自然沈得下亦放提得
人起呼則自然沈得下亦放得人出此是
以意運氣非以力使氣也
四曰劲整
一身之劲練成一家分清虚實發劲要有
根源劲起於脚根主於腰間形於手指

第二十七页

於脊發史要提起全付精神於彼劲將出
未發之際我劲已接入彼劲恰好不後不
先如皮燃火如泉湧出前進後退無絲毫
散亂曲中求直蓄而後發方能隨手奏效
此謂借力打人四兩撥千斤也
五曰神聚
上四者俱備總歸神聚神聚則一氣鼓鑄
煉氣歸神氣勢騰挪精神貫注開合有致

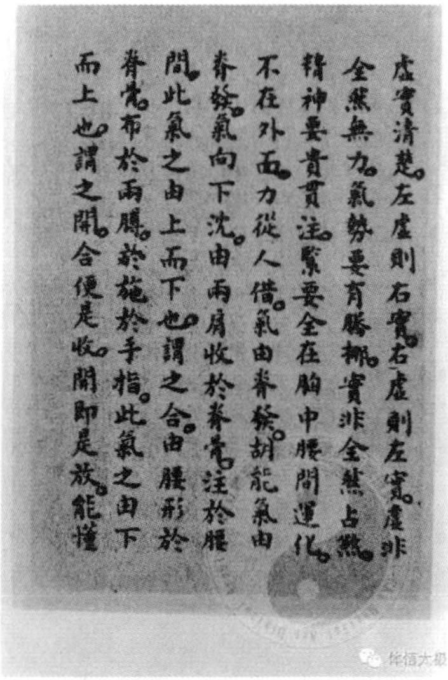

第二十八页

虚實清楚左虚則右實右虚則左實虛非
全然無力氣勢要有騰挪實非全然占煞
精神要貴貫注緊要全在胸中腰間運化
不在外面力從人借氣由脊發胡能氣由
脊發氣向下沈由兩肩收於脊骨注於腰
間此氣之由上而下也謂之合由腰形於
脊背布於兩膊施於手指此氣之由下
而上也謂之開合便是收開即是放能懂

第二十九页

得開合便知陰陽到此地位工用一日技
精一日漸至從心所欲罔不如意矣
擎引鬆放
擎起彼身借彼力中有靈字
引到身前劲始蓄中有斂字
鬆開我劲勿便屈中有靜字
放時腰脚認端的中有整字

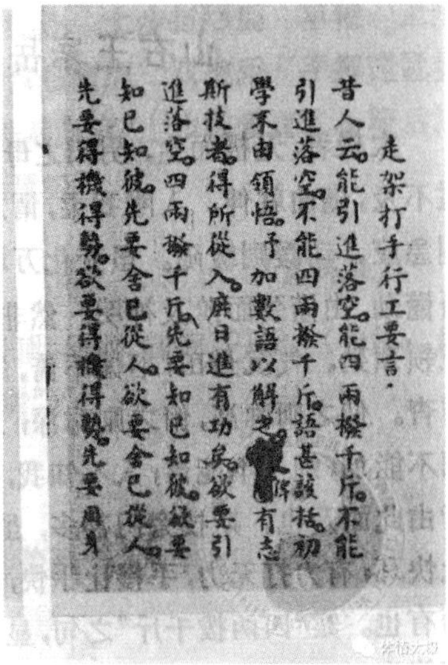

第三十页

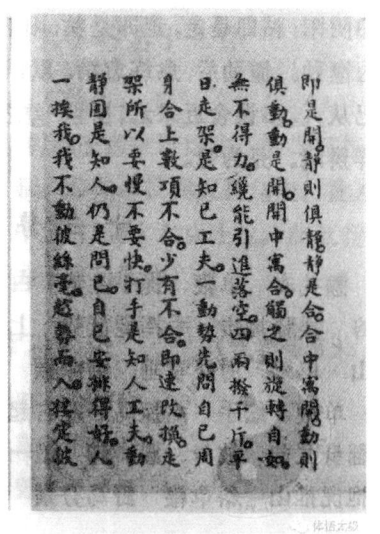

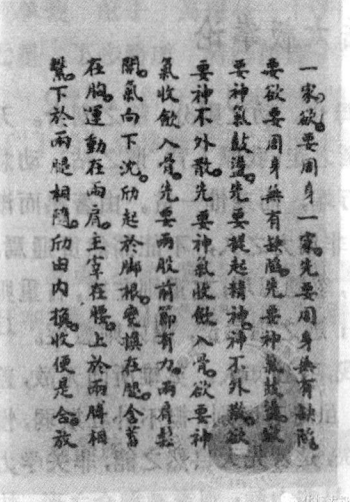

第三十一页

第三十二页

第三十三页

本页为"自藏本"内文

"郝和本"内文篇目依次为：

## 1.《山右王宗岳太极拳论》

太极者，无极而生，阴阳之母也。动之则分，静之则合。无过不及，随屈就伸。人刚我柔谓之走，我顺人背谓之粘。动急则急应，动缓则缓随。虽变化万端，而理唯一贯。由着熟而渐悟懂劲，由懂劲而阶及神明。然非用力之久，不能豁然贯通焉。虚领顶劲，气沈丹田。不偏不倚，忽隐忽现。左重则左虚，右重则右杳；仰之则弥高，俯之则弥深；进之则愈长，退之则愈促。一羽不能加，蝇虫不能落。人不知我，我独知人。英雄所向无敌，盖皆由此而及也。

斯技旁门甚多，虽势有区别，概不外壮欺弱、慢让快耳。有力打无力，手慢让手快，是皆先天自然之能，非关学力而有也。察"四两拨千斤"之句，显非力胜；观耄耋御众之形，快何能为？立如枰准，活似车轮；偏沈则随，双重则滞。每见数年纯功不能运化者，率皆自为人制，双重之病未悟耳。欲避此病，须知阴阳。粘即是走，走即是粘。阳不离阴，阴不离阳，阴阳相济，方为懂劲。懂劲后，愈练愈精，默识揣摩，渐至从心所欲。本是舍己从人，多误舍近求远。所谓差之毫厘，谬之千里，学者不可不详辨焉。是为论。

## 2.《十三势架》

懒扎衣、单鞭、提手上势、白鹅亮翅、搂膝拗步、手挥琵琶势、搂膝拗步、手挥琵琶势、上步搬拦垂、如封似闭、抱虎归山、单鞭、肘底看垂、倒辇猴、白鹅亮翅、搂膝拗步、三甬背、单鞭、纭手、高探马、左右起脚、转身蹬一脚、践步打垂、翻身二起、披身、踢一脚、蹬一脚、上步搬拦垂、如封似闭、抱虎归山、斜单鞭、野马分鬃、单鞭、纭手下势、更鸡独立、倒辇猴、白鹅亮翅、搂膝拗步、三甬背、单鞭、纭手、高探马、十字摆连、上步指裆垂、上势、懒扎衣、单鞭、下势、上步七星、下步跨虎、转脚摆连、双抱垂、手挥琵琶势。

## 3.《身法》

涵胸、拔背、裹裆、护肫、提顶、吊裆、腾挪、闪战。

## 4.《刀法》

里剪腕、外剪腕、挫腕、撩腕。

## 5.《枪法》

平刺心窝、斜刺膀尖、下刺脚面、上刺锁项。

## 6.《十三势》

十三势，一名长拳，一名十三势。

长拳者，如长江大海，滔滔不绝也。十三势者，掤、捋、挤、按、採、挒、肘、靠，进、退、顾、盼、定也。掤、捋、挤、按，即坎、离、震、兑，四正方也；採、挒、肘、靠，即乾、坤、艮、巽，四斜角也。此八卦也。进步、退步、左顾、右盼、中定，即金、木、水、火、土也。此五行也。合而言之，曰"十三势"。

## 7.《十三势行工歌诀》

十三总势莫轻识，命意源头在腰隙；
变转虚实须留意，气遍身躯不稍痴。
静中触动动犹静，因敌变化是神奇；
势势存心揆用意，得来不觉费工夫。
刻刻留心在腰间，腹内松静气腾然；
尾闾正中神贯顶，满身轻利顶头悬。
仔细留心向推求，屈伸开合听自由；
入门引路须口授，工用无息法自休。
若言体用何为准，意气君来骨肉臣；
详推用意终何在？益寿延年不老春。
歌兮歌兮百四十，字字真切义无疑；
若不向此推求去，枉费工夫遗叹惜！

## 8.《打手要言》

解曰：以心行气，务沈著，乃能收敛入骨，所谓"命意源头在腰隙"也。意气须换得灵，乃有圆活之趣，所谓"变转虚实须留意"也。立身中正安舒，支撑八面。行气如九曲珠，无微不到，所谓"气遍身躯不稍痴"也。发劲须沈著松静，专注一方，所谓"静中触动动犹静"也。往复须有折叠，进退须有转换，所谓"因敌变化是神奇"也。曲中求直，蓄而后发，所谓"势势存心揆用意，刻刻留心在腰间"也。精神提得起，则无迟重之虞，所谓"腹内松静气腾然"也。虚领顶劲，气沈丹田，不偏不倚，所谓"尾闾正中神贯顶，满身轻利顶头悬"也。以气运身，务顺遂，乃能便利从心，所谓"屈伸开合听自由"也。心为令，气为旗，神为主帅，身为驱使，所谓"意气君来骨肉臣"也。

解曰：身虽动，心贵静，气须敛，神宜舒。心为令，气为旗。神为主帅，身为驱使，刻刻留意，方有所得。先在心，后在身，在身则不知手之舞之，足之蹈之，所谓一气呵成。舍己从人，引进落空，四两拨千斤也。须知一动无有不动，一静无有不静。视动犹静，视静犹动。内固精神，外示安逸。须要从人，不要由己。从人则活，由己则滞。尚气者无力，养气者纯刚。彼不动，己不动；彼微动，己先动。以己依人，务要知己，乃能随转随接；以己粘人，必须知人，乃能不后不先。精神能提得起，则无迟重之虞；粘依能跟得灵，方见落空之妙。往复须分阴阳，进退须有转合。机由己发，力从人借。发劲须上下相随，乃一往无敌。立身须中正不偏，能八面支撑。静如山岳，动若江河。迈步如临渊，运劲如抽丝。蓄劲如张弓，发劲如放箭。行气如九曲珠，无微不到；运劲如百炼钢，何坚不摧。形如抟兔之鹘，神如捕鼠之猫。曲中求直，蓄而后发。收即是放，连而不断。极柔软，然后极坚刚；能粘依，然后能灵活。气以直养而无害，劲以曲蓄而有余。渐至物来顺应，是亦知止能得矣。

又曰：先在心，后在身。腹松，气敛入骨，神舒体静，刻刻存心。切记：一动无有不动，一静无有不静。视静犹动，视动犹静。动牵往来气贴背，敛入脊骨，要静。内固精神，外示安逸。迈步如猫行，运劲如抽丝。全身意在蓄神，不在气，在气则滞。有气者无力，无气者纯刚。气如车轮，腰如车轴。

又曰：彼不动，己不动；彼微动，己先动。似松非松，将展未展，劲断意不断。

又曰：每一动，惟手先著力，随即松开，犹须贯串，不外起承转合。始而意动，继而劲动，转接要一线串成。气宜鼓荡，神宜内敛。无使有缺陷处，无使有凹凸处，无使有断续处。其根在脚，发于腿，主宰

44

于腰，形于手指。由脚而腿而腰，总须完整一气。向前退后，乃得机得势。有不得机势处，身便散乱，必至偏倚，其病必于腰腿求之，上下、前后、左右皆然。凡此皆是意，不是外面。有上即有下，有前即有后，有左即有右。如意要向上，即寓下意。若物将掀起，而加以挫之之力，斯其根自断，乃坏之速而无疑。虚实宜分清楚，一处自有一处虚实，处处总此一虚实。周身节节贯串，勿令丝毫间断。

## 9.《打手歌》

掤攦挤按须认真，上下相随人难进。
任他巨力来打我，牵动四两拨千斤。
引进落空合即出，粘连黏随不丢顶。

## 10.《打手撒放》

掤，上平；业，入声；噫，上声；咳，入声；呼，上声。吭、呵、哈。

## 11.《太极拳小序》

太极拳不知始自何人，其精微巧妙，《王宗岳论》详且尽矣。后传至河南陈家沟陈姓，神而明者，代不数人。我郡南关杨某，爱而往学焉。专心致志，十有余年，备极精巧。旋里后，示诸同好。母舅武禹襄见而好之，常与比校，伊不肯轻以授人，仅能得其大概。素闻豫省怀庆府赵堡镇有陈姓名清平者，精于是技。逾年，母舅因公赴豫省，过而访焉。研究月余，而精妙始得，神乎技矣。予自咸丰癸丑，时年二十余，始从母舅学习此技，口授指示，不遗余力。奈予质最鲁，廿（二十）余年来，仅得皮毛。窃意其中更有精巧，兹仅以所得笔之于后，名曰《五字诀》，以识不忘所学云。

光绪辛巳中秋念六日亦畲氏谨识

## 12.《五字诀》

### 一曰心静

心不静，则不专。一举手前后左右全无定向，故要心静。起初举动未能由己，要息心体认。随人所动，随屈就伸，不丢不顶，勿自伸缩。彼有力我亦有力，我力在先。彼无力我亦无力，我意仍在先。要刻刻留心，挨何处，心要用在何处，须向不丢不顶中讨消息。从此做去，一年半载便能施于身。此全是用意，不是用劲。久之，则人为我制，我不为人制矣。

### 二曰身灵

身滞，则进退不能自如，故要身灵。举手不可有呆相，彼之力方碍我皮毛，我之意已入彼骨里。两手支撑，一气贯穿，左重则左虚而右已去，右重则右虚而左已去。气如车轮，周身俱要相随。有不相随处，身便散乱，便不得力，其病于腰腿求之。先以心使身，从人不从己。后身能从心，由己仍是从人。由己则滞，从人则活。能从人，手上便有分寸。枰彼劲之大小，分厘不错；权彼劲之长短，毫发无差。前进后退，处处恰合，工弥久而技弥精矣。

### 三曰气敛

气势散漫，便无含蓄，身易散乱，务使气敛入脊骨。呼吸通灵，周身罔间。吸为合、为蓄，呼为开、为发。盖吸则自然提得起，亦拿得人起；呼则自然沉得下，亦放得人出。此是以意运气，非以力使气也。

### 四曰劲整

一身之劲，练成一家，分清虚实。发劲要有根源，劲起于脚根，主于腰间，形于手指，发于脊背。又要提起全副精神，于彼劲将出未发之际，我劲已接入彼劲，恰好不后不先。如皮燃火，如泉涌出，前进后退无丝毫散乱。曲中求直，蓄而后发，方能随手奏效。此谓：借力打人，四两拨千斤也。

**五曰神聚**

上四者俱备，总归神聚。神聚，则一气鼓铸，练气归神。气势腾挪，精神贯注，开合有致，虚实清楚。左虚则右实，右虚则左实。虚非全然无力，气势要有腾挪；实非全然占煞，精神要贵贯注。紧要全在胸中腰间运化，不在外面。力从人借，气由脊发。胡能气由脊发？气向下沈，由两肩收于脊骨，注于腰间，此气之由上而下也，谓之合。由腰行于脊骨，布于两膊，施于手指，此气之由下而上也，谓之开。合便是收，开便是放。能懂得开合，便知阴阳。到此地位，工用一日，技精一日，渐至从心所欲，罔不如意矣。

**13.《撒放密诀》——擎引松放**

擎起彼身借彼力，（中有"灵"字）

引到身前劲始蓄；（中有"敛"字）

松开我劲勿使屈，（中有"静"字）

放时腰脚认端的。（中有"整"字）

**14.《走架打手行工要言》**

昔人云：能引进落空，能四两拨千斤。不能引进落空，不能四两拨千斤。语甚概括，初学未由领悟，予加数语以解之，俾有志斯技者得所从入，庶日进有功矣。

欲引进落空，四两拨千斤，先要知己知彼。欲要知己知彼，先要舍己从人。欲要舍己从人，先要得机得势。欲要得机得势，先要周身一家。欲要周身一家，先要周身无有缺陷。欲要周身无有缺陷，先要神气鼓荡。欲要神气鼓荡，先要提起精神，神不外散。欲要神不外散，先要神气收敛入骨。欲要神气收敛入骨，先要两股前节有力，两肩松开，气向下沉。劲起于脚根，变换在腿，含蓄在胸，运动在两肩，主宰在腰。上于两膊相系，下于两腿相随。劲由内换，收便是合，放便是开。静则俱静，静是合，合中寓开；动则俱动，动是开，开中寓合。触之则旋转自如，无不得力。才能引进落空，四两拨千斤。

平日走架，是知己功夫。一动势先问自己周身合上数项不合，少有不合，即速改换，走架所以要慢不要快。打手是知人功夫，动静固是知人，仍是问己。自己安排得好，人一挨我，我不动彼丝毫，趁势而入，接定彼劲，彼自跌出。如自己有不得力处，便是双重未化，要于阴阳开合中求之。所谓"知己知彼，百战百胜"。

【附注】

1.《打手法》[1]

两人对立，做双搭手（即左手咬腕，右手扶肘；或右手咬腕，左手扶肘）。搭手之足（左手搭手则左足，右手搭手即右足）在前，一进一退（进者先进前足，退者先退后足）至末步（即第三步）。退者收前足成虚步，进者跟后足成跟步。搭手时，搭腕之手不动，扶肘之手由上而换。如此进退搭换，循环不已。练发劲时，一般皆在应退而不退时作准备。练熟后，前进、后退都可化发。进用按、挤，退用掤、捋。

2.《禹襄母舅太极拳四字不传密诀》[2]

敷：敷者，运气于己身，敷布彼劲之上，使不得动也。

盖：盖者，以气盖彼来处也。

对：对者，以气对彼来处，认定准头而去也。

> 吞：吞者，以气全吞而入于化也。
>
> 此四字无形无声，非懂劲后，练到极精地位者不能知，全是以气言。能直养其气而无害，始能施于四体，四体不言而喻矣！

**【注释】**

（1）（2）：此文"郝和本"不载，见于"自藏本"。

## 第二节 舞阳盐店得"王宗岳太极拳谱"考

在太极拳理论界，存在一种说法：相传武禹襄曾在河南舞阳县盐店得到一本"王宗岳太极拳谱"。时下，更有人声称还目睹过此谱。下面，就对这本拳谱真实性进行考证。

查李亦畬"老三本"，其中收录一篇《王论》，《小序》中也提到"王宗岳论"，唯独没有涉及所谓的"王宗岳太极拳谱"，更无"此谱得自舞阳"之说。那么，是何时何人何处将"一篇拳论"变成"一本拳谱"，并与舞阳县联系在一起了呢？最早的文字记载见于徐哲东所著《太极拳考信录》，其中谈到一本被称作"移录本"的太极拳谱。

所谓"移录本"，是指郝为真三公子砚耕先生（1904—1947）笔录整理的一本拳谱。郝砚耕，名文田，字砚耕。自幼随父、兄（月如）习拳，功底深厚，尤其擅于打手。河北大名七师毕业，就职于河北省立第十三中学，担任图书管理员。曾先后辅佐月如以及张敬堂（十三中体育教员）在十三中教授推广太极拳。1929年，兼任永年国术馆教练。1932年，入股参与筹建太极酱园。"七七事变"后，广府沦陷。拒不受聘于日伪永年中学，赋闲于家，教子弟们练习太极拳。砚耕人到中年，即遇国难，身处逆境，不能尽展才华，最终抑郁成疾，英年早逝，年仅43

岁。他曾经整理辑录一本太极拳谱，即徐哲东所指的"移录本"。此本后由月如收藏，现去向不明。徐先生在《太极拳考信录》中写道：

> "'移录本'较'写本'（即指'郝和本'）多四篇，即十三刀、十三枪、太极拳白话歌、李亦畬跋四篇。此四篇唯李亦畬跋'廉让堂本'亦无之，余三篇'廉让堂本'中皆有，只'十三枪'题为'十三杆'……"

文中所提到的"廉让堂本"，即指民国二十四年（1935年）四月，李槐荫于山西太原铅印出版的太极拳谱，原名为《李氏太极拳谱》。据李氏后人李正藩先生（1928—2017，李启轩曾孙，父名李福荫）回忆：李亦畬家族堂号为"廉让堂"，李公便依据堂号为二子分别取名：宝廉、宝让。所以，其后人又将《李氏太极拳谱》称为《廉让堂太极拳谱》，以示对先人的怀念之情。"移录本"中有一篇所谓的李亦畬"跋文"，全文如下：

> "此谱得于舞阳盐店，兼积诸家讲论，并参鄙见，有者甚属寥寥。间有一二者，亦非全本，自宜重而珍之，切勿轻以予人。非私也，知音者少，可予者，其人更不多也，慎之慎之！
>
> 　　　　　　　　　　　光绪辛巳中秋廿三日亦畬氏书"

1993年6月，香港长城书社出版公司发行的由刘红年（日籍华人，师从李光藩学太极拳）编著，李槐荫之子光藩（1937—　）主审的《廉让堂太极拳谱·拳架本》中，也收录了这篇"跋文"。不过，该书中的"跋文"又增益些许文字，现抄录于下，供研究者参考：

> "此谱得于舞阳县盐店，澄清母舅多有研究，后转交三舅河清带回故里。此谱积诸家之论，并参鄙见，有者甚属寥寥，间有一二者，亦非全本，自宜珍而重之，切勿轻以予人，非私也，知音者少。可予者，其人更不多也，慎之慎之！
>
> 　　　　　　　　　　　光绪辛巳中秋廿六日亦畬氏书"

后文与前文相比较，文字虽有增益，但主旨未变。现以早期"移录

本"中的"跋文"为例简作分析。依笔者拙见,尽管这篇"跋文"冠以"亦畬氏书",若细细推敲,疑点至少存在八处:

(1)"郝和本""丁丑本"中无此《跋文》。《李氏太极拳谱》中也无记载,可证"启轩本"也未收录。"自藏本"呢?笔者请钟振山(1948— )向如今的该本持有者李旭藩求证,得到的回答十分肯定:"绝对没有这篇跋文。"可见,凡已知的李公手录本均无此跋文。过了半个世纪,却出现在他人撰录的拳谱中,这不能不令人生疑。

(2)所谓"跋",一般是写在书籍、文章、金石拓片等后面的短文,内容大多属于评介、鉴定、考释之类,它和书籍、文章之前的序文相照应。该跋没有收录于"老三本"中,可见它不是和《小序》相呼应之作。从内容上来看也的确如此,因为《小序》和《跋文》陈述的不是一回事。而且,从时间上来看,《小序》写于"光绪辛巳中秋廿六日","跋文"作于"光绪辛巳中秋廿三日"。"跋文"早于《小序》,更说明此"跋"不对彼"序"。

(3)《跋文》和《小序》的写法、文风迥然有异。《小序》写得平实、自然,而《跋文》故作奇辞,备感突兀,似受捕风捉影附会之风影响。显非求真务实的李亦畬先贤为人为文之风。

(4)《小序》中一篇《王论》,到了所谓的"跋文"中,便化作"此谱",即一套拳谱。变得突然,前后矛盾,令人匪夷所思。

(5)《跋文》强调突出"此谱""兼积诸家讲论",除了这些,便是"参以鄙见",明显对武禹襄拳论有意回避,显非武公之外甥李亦畬所作所为。

(6)既然所得拳谱,"兼积诸家讲论",可证从舞阳盐店所获得的拳谱内容很丰富,绝非一二家之谈。也就是说,除了《王论》,还应该有其他人的讲论。那么,疑问来了,这些讲论在哪里呢?我们不曾目睹。

(7)《小序》中武禹襄问艺温县赵堡镇陈清平,而拳谱莫名其妙地出现于舞阳县盐店,两地非一县所属,相距六七百里之遥,为什么凭空就扯在一起了呢？

（8）如果舞阳所得拳谱属实，这足以震惊武林界，此谱真可称作"武林秘笈"。那么，如此珍贵的"全本"拳谱为什么只在《跋文》中匆匆写过一笔，便忽然消失了呢？

综上所述，可以断言，"跋文"绝非"亦畲氏书"，而是后人捉笔之作，目的无非是故弄玄虚罢了。这不由得使笔者联想起武莱绪（武禹襄之孙）于民国二十三年（1934年）所写的《李氏太极拳谱·附录》，他在《先王父廉泉府君行略》一文中写道：

"太极拳自武当山张三丰后……"

武莱绪声称太极拳创自张三丰甚显轻率，徐震先生在《太极拳考信录》中这样评价道：

"莱绪此文，作于近年，当杨派太极拳盛行之后，附会神仙，复为人情所乐从。故虽武氏（禹襄）之孙，亦不求其端，不考其实，于流俗盛传之语，直袭而不疑矣……足以淆乱视听……"

李正藩先生在《永年太极园始末》（见2010年《太极》杂志第三期）一文中也写道：

"谓太极拳传自武当张三峰（或丰），由于当时一度盛传源自神仙之说，以炫耀其神奇玄妙之术，武莱绪贸然从之，不作求证，实不可取。"

同样道理，这篇来路蹊跷的所谓"跋文"也属附会之作，其用意无非要证明拳谱的弥足珍贵。因此，无论此跋是否出自郝砚耕手笔，他收录于"移录本"中，便犯了跟武莱绪一样"淆乱视听"之错。同时，也为不明真相的后来人杜撰更加离奇情节开了个不好的先例，最终演义出一段颇为生动曲折的太极拳传奇故事，大致情节如下：

话说广府有条好汉名叫杨露禅，因仰慕陈氏拳之妙，三下河南温县陈家沟。一去六年，先后共计十八载。他拜师陈长兴，学习陈氏老架太极拳，最终得到真传。返乡后，不肯轻易授人，就连资助他学拳的好友武禹襄也仅仅能得到其中的大概。1852年，武禹襄长兄澄清高中进士，担任了河南舞县知县。同年，禹襄奉母命去舞阳县探望兄长。其间，绕道陈家沟，拜访陈长兴。陈年迈多病，无力教拳，便推荐武氏到赵堡镇陈清平处。此时，陈清平正为一桩棘手的人命官司缠身，武氏便通过长兄为其了却了这场官司。陈氏感激不尽，便将平生所学，倾囊相授，武禹襄尽得陈氏新架太极拳的奥妙。而武澄清呢？在舞阳县盐店偶得一本《王宗岳太极拳谱》，便交于了幼弟。禹襄如获至宝，携回故里。从此，潜心研究，在陈氏新架太极拳基础上，研创出一套风格独特的太极拳术——武式太极拳。

这个故事听起来情节生动，足可以扩写成一部长篇武侠小说。其实，事实真相本是三桩没有本质联系的事件，被人为地撮合在一起：

（1）杨露禅在十余年间，利用农闲工余时间，多次去陈家沟，拜师陈长兴学习炮捶术。

（2）1852年，武禹襄"因公赴豫省"，走访陈清平，研究拳艺，而得赵堡拳的窍要。

（3）咸丰壬子，即1852年，武澄清考中进士，"以知县分浙江，以亲老告近改河南。甲寅（1854年），授河南舞阳县知县。"（摘自《大清畿辅先贤传》中的《武澄清传》）"在任五年，听明决断，案不留牍，减徭役以实民，设书院以兴教。"（据1931年《永年县志稿》）

演义的力量是无穷的，谎言经众口传播会变成事实。比如一部《三国演义》可将中国历史上才华横溢、文武盖世的大政治家、军事家、诗人曹操，描绘成阴险狡诈、生性多疑、阴谋篡权的白脸大奸贼，演义的威力由此可见一斑。太极拳历史上一篇本来没有多么复杂背景的拳论，变成一册拳谱，同样是演义的力量和结果。

文末，对武禹襄"因公赴豫省"作一点旁注。有人对此提出质疑：一介儒生，没有功名的平民武禹襄，为什么能"因公赴豫"呢？他虽然不是官吏，但是他的才干仍为当时大人所器重，《武禹襄墓表》有一段记载：

"咸丰壬子（1852年），吕文节公贤基奉朝廷命督师抃发贼江右，肃书币招入军幕，以母老辞。至庚申（1860年）、辛丑（1861年），捻匪窜畿南，尚书毛昶熙、河南巡抚郑公元善，又皆礼辞，不就。"

笔者推想：武公的赴豫省是否和这些受聘从军事件存在某种关联呢？存疑待考。

## 第三节 《山右王宗岳太极拳论》的变迁

《王论》被称为太极拳的开山之作，但是在民国时期传抄的拳谱或著述中此论文字不尽完全相同，有时甚至存在一些错别字，这也许是受抄录者文化水平所限，或者是口传之错、转抄笔误。现将不同版本中的《王论》由原文繁体字转为简化字摘录于下，并重点对错讹处或者与"老三本"有出入处稍加评注，供爱好者比对、参考、研究、揣摩。

### 一、"丁丑本"[1]中的《王论》

下面附录几幅"丁丑本"原件和修复本照片，供研究者参考：

"丁丑本"原件封面

第一页

第七页

第十四页

第十五页

第二十二页

第三十二页

"修复本"封面

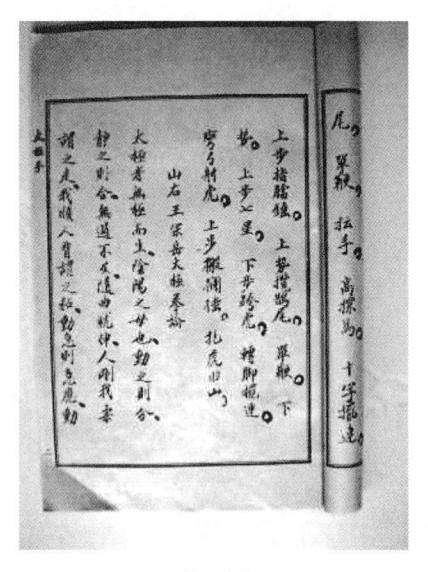

第三页

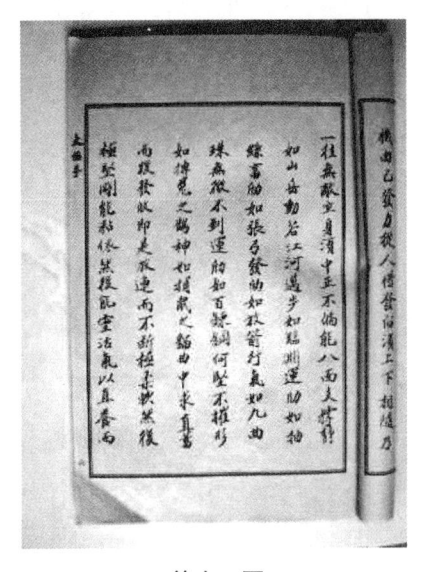

第十一页

第二十一页

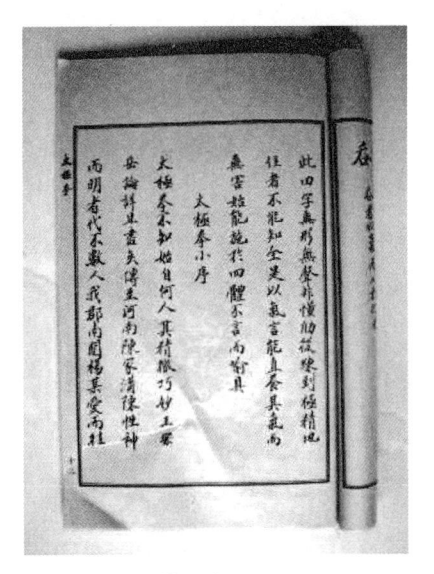

第二十三页

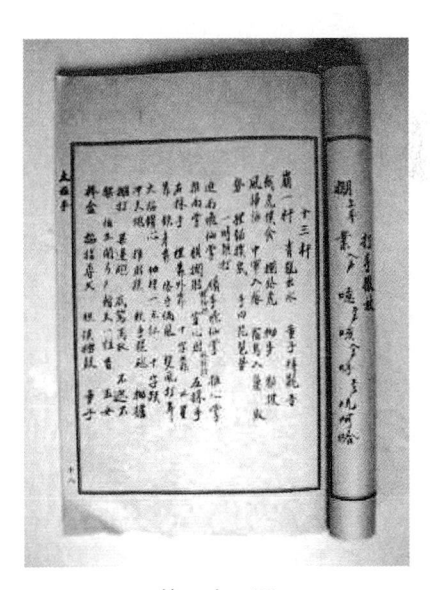

第三十三页

"丁丑本"中的《王论》如下：

"太极者，无极而生，阴阳之母也。动之则分，静之则合。无过不及，随屈就伸。人刚我柔谓之走，我顺人背谓之粘。动急则急应，动缓则缓随，虽变化万端，而理唯一贯。由着熟而渐悟懂劲，由懂劲而阶及神明。然非用力之久[2]，不能豁然贯通焉。虚领顶劲，气沈[3]丹田。不偏不倚，忽隐忽现。左重则右虚，右重则左杳[4]；仰之则弥高，俯之则弥深；进之则愈长，退之则愈促。一羽不能加，蝇虫不能落。人不知我，我独知人。英雄所向无敌，盖皆由此而及也。

斯技旁门甚多，虽势有区别，概不外壮欺弱、慢让快耳。有力打无力，手慢让手快，是皆先天自然之能，非关学力而有也。察"四两拨千斤"之句，显非力胜；观耄耋御众之形，快何能为？

立如秤准，活如车轮[5]。偏沈则随，双重则滞。每年纯功[6]不能运化者，率皆自为人制，双重之病未悟耳。欲避此病，须知阴阳。粘即是走，走即是粘。阳不离阴，阴不离阳，阴阳相济，方为懂劲。懂劲后，愈练愈精，默识揣摩，渐至从心所欲。本是舍己从人，多误舍近求远。所谓差之毫厘，谬之千里，学者不可不详辨焉。是为论。"

**【评注】**

（1）"丁丑本"：该本现由当代著名杨班侯太极拳传承人贾安树先生（1954—　）珍藏，之前，是由他的师伯林金生先生（1913—1988，林为李万成弟子，李为杨班侯高足）所持有。林老得自何人，现已很难考证。该谱内容更加丰富，不仅有《王论》、武禹襄拳论，还有李亦畬文论、李启轩文论等。种种迹象表明，这是"老三本"成谱前的草稿本，弥足珍贵。当代著名的太极拳史论家吴文翰先生多方权衡，将其称为"丁丑（即1877年书写而成）本"。

（2）然非用力之久；（4）左重则右虚，右重则左杳；（6）每年纯功：此处"用力"在"自藏本"中写作"用工"。"每年纯功"在

"郝和本""自藏本"中写作"每见数年纯功"。而另一句在"郝和本"和"自藏本"则写成"左重则左虚,右重则右杳"。

这几句话虽然区区一、二字之别,实则修改得至关重要,作者再三斟酌、反复锤炼之态跃然纸上。由练体到练用,由知己到知人,由浅而入深,由登堂而入室。"丁丑本"中"左重则右虚,右重则左杳",表明自己的练拳状态。左(或右)为实,则右(或左)为虚;左(或右)为精神贯注,右(或左)为气势腾挪。支点只要一个,而不至双重,这是指练体,练习"知己"的本领。而"郝和本"(包括"自藏本")则不同,"左"与"右"相易,其境界顿变,从"练体"转而注重"练用",即打手、技击,训练"知人"的功夫。正如李亦畬在《五字诀·身灵》中所写:

"左重则左虚,而右已去;右重则右虚,而左已去。"

这种"知人""制人"的功夫,仅凭"用力"去练是不够的,应该"用工",所谓"工用无息法自休""豁然贯通焉"。所以才有下文的"每见数年纯功不能运化者,率皆自为人制"。太极拳修炼目的不在于"体",而在于"用";不在于"着熟",而在于"懂劲"。因此,"郝和本""自藏本"的不断修润直指太极拳的核心本质,要求上提高了一个层次,并与该论前文的"由着熟而渐悟懂劲,由懂劲而阶及神明",以及后文的"懂劲后,愈练愈精,默识揣摩,渐至从心所欲"互相呼应,全篇如线缀珠,浑然一体。《王论》,即使作为一篇文学作品,也不逊于文坛大家。纵观古今武术界,尚未发现有能与之比肩的拳论。《王论》,堪为武术界的千古绝唱!

(3)沈:即"沉"。

(5)立如秤准,活如车轮:"郝和本"写作"立如枰准,活似车轮","自藏本"写作"立如秤准,活似车轮"。枰,棋盘;准,古语中是一种测定水平的器具;秤,测定物体重量的器具,旧时指杆秤。

## 二、"王恭甫[1]本"中的《王论》

在山王宗岳先师《太极拳论》，一名十三势，一名长拳[2]。太极者，无极而生，阴阳之母也。动之则分，静之则和[3]。无过不及，随曲[4]就伸。人钢[5]我柔谓之走，我顺人臂[6]谓之粘。动急则急应，动缓则缓动缓则[7]缓随，虽变化万端，而理为[8]一贯。由著熟而渐悟懂劲，由懂劲而阶及神明。然非用力之久，不能豁然贯通焉。须[9]领顶劲，气沉丹田。不偏不倚，忽隐忽现。左动则右虚，右动则左虚[10]；仰之则弥高，俯之则弥深；进之则愈长，退之则愈促。一羽不能加，蝇虫不能落。人不知我，我独知人。英雄之所向无敌者[11]，盖皆由此而及也。

斯至[12]旁门甚多，虽势有区别，概不外乎[13]壮欺弱、漫[14]让快耳。有力打无力，手漫[15]让手快，皆是[16]先天自然之能也[17]，非关学力而有为[18]也。察"四两拨千斤"之句，显非力胜；耄耋能[19]御众之形，快何能为？

立如平集[20]，活四[21]车轮。偏沉[22]则随，双重则滞。每见数年纯工[23]不能运化者，率皆自为人制，双重之病未悟耳。然[24]欲避此病，须知阴阳。粘即是走，走即是粘。阴不离阳，阳不离音[25]，阴阳相济，方为懂劲。懂劲之[26]后，愈练愈精，默识揣摩，渐至从心所欲。本是舍己从人，多晤舍近求远。所谓差之毫厘，缪[27]之千里，学者不可不详辨焉。巫[28]是为论。此论自之切要在心，并无一字浮衍陪衬，非有凤慧不能悟也。先师不妄传，非独择人，亦恐枉费工夫耳[29]。

【评注】

（1）王恭甫：山东东阿人，父母信奉耶稣教。自幼好武，先学醉八仙、长拳等，后习太极拳，技艺非凡。他追求进步，曾参加过武昌起义。不过，他的太极拳传承脉络不详。今人只知道他学习太极拳是师从李斌浦，而李氏及其师承现已查不到记载。但可以肯定，李氏是杨露禅一脉传人。王恭甫曾手抄一本拳谱存世，保定人士吴占良先生是笔者师弟，拍摄有一套照片，称：该抄本源自杨家，实系早年自武禹襄处传出。该册拳谱只收录了《王论》、武禹襄的部分拳论，没有李亦畬拳论。

（2）在山王宗岳先师《太极拳论》，一名十三势，一名长拳：此句"老三本"中均无，是后人所添加，且语句不顺。

（3）和："老三本"写作"合"。此处为别字。

（4）曲："老三本"写作"屈"。

（5）钢："老三本"写作"刚"。

（6）臂："老三本"写作"背"。

（7）缓动缓则："老三本"中无此四字，多余，删去。

（8）为：别字，应为"唯"。

（9）须："老三本"写作"虚"。

（10）左动则右虚，右动则左虚："老三本"中写作"左重则左虚，右重则右杳"。

（11）英雄之所向无敌者："老三本"中无"之""者"二字，多余，去掉更精炼。

（12）斯至：无解，应为"斯技"。

（13）乎：可删去，"老三本"中无此字。

（14）（15）漫：别字，应为"慢"。

（16）皆是："老三本"写作"是皆"。

（17）（18）（19）也、为、能："老三本"中无此三字。

（20）平集：未知何意。参见"老三本"。

（21）四：应为"似"。

（22）沉："老三本"写作"沈"，同"沉"。

（23）工："老三本"写作"功"。

（24）然："老三本"无此字。

（25）阴不离阳，阳不离音："老三本"写作"阳不离阴，阴不离阳"。这里的"音"是别字。

（26）之："老三本"中无此字。

（27）缪："老三本"写作"谬"。

（28）巫：多余之字，"老三本"中无。

（29）此论自之切要在心……亦恐枉费工夫耳："老三本"中无此句，和该论首句一样，与该论文风不一，显为后人所添加。

## 三、"王镜清本"[1]中的《王论》

"王镜清本"拳谱封面　　　　　　　"王镜清本"拳谱扉页

第一页

第十二页

"王镜清本"内文照

王镜清与友人合影

山右王宗岳先生太极拳论（一名长拳，又名十三势）

太极者，本无极而生，阴阳之母也。动之则分，静之则合。无过不及，随曲就伸。人刚我柔谓之走，我顺人背谓之粘。动急则急应，动缓则缓随，虽变化万端，而理惟一贯。由着熟而渐悟懂劲，由懂劲而阶及神明。然非用力之久，不能豁然贯通焉。虚灵顶劲，气沉丹田。不偏不倚，忽隐忽现。左重则右虚，右重则左杳；仰之则弥高，俯之则弥深；进之则愈长，退之则愈促。一羽不能加，蝇蚊不能落。人不知我，我独知人。英豪雄所向无敌,盖皆由此而及也。斯技旁门甚多,虽势有区别,概不外壮欺弱、慢让快耳。有力打无力,手慢让手快,是皆自然之能,非关学力而有也。察"四两拨千斤"之句,显非力胜;观耄耋能御众之形,快何能为?立如平准,活似车轮。偏沉则随,双重则滞。每见数年纯功不能运化者,率皆自为人制,双重之病未悟耳。欲避此病,须知阴阳。粘即是走,走即是粘。阳不离阴,阴不离阳,阴阳相济,方为懂劲。懂劲后,愈练愈精,默识揣摩,渐至从心所欲。本是舍己从人,多误舍近求远。所谓:差之毫厘,谬之千里,学者不可不详辨焉。是为论。句句切要,并无一字敷衍陪衬,非有夙慧不能悟也。先师肯不妄传,非独择人,亦恐枉费工夫耳!

## 【评注】

(1)"王镜清本":一次偶然的机会,经朋友介绍,笔者认识了王镜清先生之孙,他保存着祖父抄录的一本拳谱。"王镜清(1876—1953,他和友人合影照尽管已经模糊不清了,但因为是唯一一张,附录于此,以示纪念),永年县西王庄村(现划归邯郸市高开区管辖)人。杨澄甫弟子。曾随师南下至南京、杭州、上海等地传授太极拳,与其师形影不离。"(见《永年太极拳志》)王先生从杨家抄录了一册拳谱,时间大约在民国年间或者新中国成立初期。该抄本内容较"王恭甫本"更为丰富,除了《王论》和部分武禹襄拳论外,还有陈秀峰(字敬亭,生卒年月不详,永年何营村人。清诸生。杨班侯姨表弟。从班侯学太极拳,又拜师郝为真。该谱中收录有《直隶省广平府敬亭陈秀峰太极拳注解》,文末署'民国廿年十一月十九日书于浙江省杭州西湖慈幼路'。由此可证:民国年间,杨、武两家的传人依然互通有无,保持着密切友好的往来)文论、王镜清的心得体会各一篇。拳械套路包括:《太极拳架》《太极剑名称》《太极刀歌》《太极黏连四枪名称》《太极黏连十三枪名称》等。

该谱和"王恭甫本"中的《王论》如出一辙，故不做多解。毫无疑问，该谱收录的内容是在"老三本"成谱之前还不尽完善的早期作品。史料中有载：杨露禅和武禹襄是拳友，杨进京教拳后，把儿子班侯托付给武照管，目的是让他读书学文，以图科举为官。当时，武禹襄开办私塾。然而，班侯不喜欢学习文化。《永年拳术》记述：他"讷于文，而敏于武"。武先生便因势利导，多课以拳技。李启轩和班侯年龄相当，私交甚厚。因为两人同在武先生书塾读书，于是，启轩便将舅父武公所写拳论断断续续抄赠给班侯一些。所以杨家传抄的拳谱中多为武禹襄早期不太完善的论述，也没有注明作者。再有一点，因为此时的李亦畬、李启轩昆仲还处在跟随舅父学拳阶段，所以就不会有李亦畬作品出现。这就是诸如"王镜清本""王恭甫本"等杨露禅一脉传人太极拳谱中收录的武公拳论和后来的"老三本"不完全一致的最主要原因。随着时间的推移，武公的研究不断深入，心得体悟同时在不断地补充完善。因而，后人学习太极拳论应该，也必须以"老三本"为准绳。

## 四、《太极拳使用法》[1]中的《王论》

### 王宗岳太极论[2]

太极者，无极而生，阴阳之母也。动之则分，静之则合。无过不及，随曲就伸。人刚我柔谓之走，我顺人背谓之粘。动急则急应，动缓则缓随。虽变化万端，而理为一贯。由着熟而渐悟懂劲，由懂劲而阶及神明。然非用力之久，不能豁然贯通焉。虚领顶劲，气沈丹田。不偏不倚，忽隐忽现。左重则左虚，右重则右杳；仰之则弥高，俯之则弥深；进之则愈长，退之则愈促。一羽不能加，蝇虫不能落。人不知我，我独知人。英雄所向无敌，盖（皆）由此而及也。

斯技旁门甚多，虽势有区别，概不外乎壮欺弱、慢让快耳。有力打无力，手慢让手快，是皆先天自然之能，非关学力而有也。察"四两拨千斤"之句，显非力胜；观耄耋能御众人之形，快何能为？立及平准，活似车轮；偏沉则随，双重则滞。每见数年纯功不能运化者，率皆自为人制，双重之病未悟耳。欲避此病，须知（阴阳。粘即是走，走即是粘。阳不离阴，阴不离阳，）阴阳相济，方为懂劲。懂劲后，愈练愈精，默识揣摩，渐至从心所欲。本是舍己从人，多误舍近求远。所谓差之毫厘，谬之千里，学者不可不详辨焉。是为论。

【评注】

（1）《太极拳使用法》：该书作者杨澄甫，1931年文光印书馆出版发行，由其弟子董英杰协助整理编著。杨澄甫，名兆清，字澄甫。杨露禅之孙。是民国时期太极拳界的领袖，他弟子众多，且多为社会各界精英。1934年，在《太极拳使用法》基础上，编著出版《太极拳体用全书》，影响深远。

（2）王宗岳太极论：此为该书中原文标题。文中括号部分原无，是笔者根据"老三本"而添加。个别用词和"老三本"有异。其他不再多解。

## 五、《太极拳释义》[1]中的《王论》

### 王宗岳太极拳论

太极者，无极而生，阴阳之母也。动之则分，静之则合。无过不及，随曲就伸。人刚我柔谓之走，我顺人背谓之黏。动急则急应，动缓则缓随。虽变化万端，而理为一贯。由着熟而渐悟懂劲，由懂劲而接及神明。然非用力之久，不能豁然贯通焉。虚灵顶劲，气沈丹田。不偏不倚，忽隐忽现。左重则左虚，右重则右杳；仰之则弥高，俯之则弥深；进之则愈长，退之则愈促。一羽不能加，蝇虫不能落。人不知我，我独知人。英雄所向无敌，盖（皆）由此而致也。

斯技旁门甚多，虽势有区别，概不外乎壮欺弱、慢让快耳。有力打无力，手慢让手快，是皆先天自然之能，非关学力而有也。察"四两能拨千斤"（之句），显非力胜；观耄耋能御众人之形，快何能为？立如平准，活如车轮；偏沉则随，双重则滞。每见数年纯功不能运化者，率皆自为人制，双重之病未悟耳。欲避此病，须知阴阳。黏即是走，走即是黏。阳不离阴，阴不离阳。阴阳相济，方为懂劲。懂劲后，愈练愈精，默识揣摩，渐至从心所欲。本是舍己从人，多误舍近求远。所谓差之毫厘，谬以千里，学者不可不详辨焉。是为论。

**【评注】**

（1）《太极拳释义》：编著者董英杰，1948年8月由中华书局香港印刷厂出版发行。该书是影响广泛、极具代表性的优秀太极拳著作。董英杰，名文科，字英杰。河北省邢台市任县人。先后师从李增魁、李香远、杨澄甫等学习太极拳，艺理精深，尤善打手。长期致力于太极拳在港澳地区、东南亚各国的推广。此书曾多次再版，畅销至今。2017年7月，北京科学技术出版社出版了由杨志英校注的《董英杰太极拳释义》，依然受到读者的欢迎。2019年3月，中国台湾大展出版社有限公司再版此著。

## 第四节　解读"老三本"

### 一、拳论作者

李亦畬是位有功名的儒生，又精于中医学，治学严谨。因此，他整理的拳谱绝不会漫无目的地随意拼凑、没有章法地任意堆砌，一定思路明确，脉络清晰，层次分明。

比如"郝和本"中的14篇拳论，很明显是以《太极拳小序》为分水岭。上部分为非李亦畬作品，计10篇，其余4篇为李亦畬拳论。李公的这一部分论述后人不存在争议，故不作分析。重点解读第一部分。从表象上看，该部分出现两位作者姓名：王宗岳、武禹襄。"王宗岳"出现在拳谱第一篇拳论的题目中——《山右王宗岳太极拳论》。该论以"太极"入笔而论拳理，由"阴阳""动静""刚柔"，而"阴阳相济"，以"是为论"结束全篇。由此可证：所谓"王宗岳"之论仅此一篇。其后7篇文论均未署名。但是，请注意：在第八篇，即《打手要言》末尾清清楚楚地注明6个字："禹襄武氏并识"。

即武禹襄一并记录的心得体会。再者，本文之后，该页留白，这更清楚地表明：以上7篇拳论的作者就是武公禹襄。但是，很遗憾，事实的发展远没有这么简单。数十年后，这其中的一些拳论被后人随意更改作者姓名，或王宗岳，或张三丰……还有人做得更离谱，将一篇武禹襄《打手要言》肢解为若干篇，并分别标题、冠名，变成"王宗岳"的作品。更有甚者，连同《十三势》等文莫名其妙地被扣在"张三丰"的头上。笔者分析，后人之所以会这样做，应该出于以下三种原因：

（1）不知拳论原始出处，对"老三本"一无所知或知之甚少；

（2）盲目崇拜所致，冠名"王宗岳""张三丰"等，以示其珍贵或者所谓的源远流长；

（3）出于家派观念的一己之私，为自家脸上涂脂抹粉。

## 二、拳谱的篇章结构

《王论》和其余篇目可以分成两个板块或层次。《王论》标题中出现一个名字——"王宗岳"，而且题目以"太极拳"冠名。这是第一层；自第二篇《十三势架》开始，其后的篇目则以"十三势"命名。并且，在《打手要言》之后明明白白地署着另一个人的姓名——武禹襄。这是第二层。假如像有一些人所认为的，《十三势架》《十三势：一名长拳，一名十三势》《十三势行工歌诀》等属于王宗岳作品，那么，它应该如同《王论》一样，取名《太极拳架》《太极拳行工歌诀》……如此，才一以贯之。问题是，李公撰录的拳谱中没有这样做，没有运用"太极拳"这一高雅的拳名，而采用了"十三势"的名称。辑录者李亦畬之所以如此编排，自有分寸道理。且看这些拳论：以《十三势架》套路始，紧接着便是练习此架必须遵循的"身法"。接下来是《刀法》《枪法》各四术。继之以《十三势》，言明运用技法，《十三势行工歌诀》则承而继之咏颂"十三势"，而《打手要言》阐明了"十三势"应变诀窍。自始至终，以"十三势"为主线，从拳架套路、身法要点、器械修炼特点、拳术技法、行工准则、打手要诀、练功秘诀等由表及里，由浅入深。文义衔接，自然有序，层次分明，一气呵成，构成一个不可分割的整体。再加上"禹襄武氏并识"一语，分明表示这些文章的作者，只能出自一人——武公禹襄。

试想，李亦畬辑录"老三本"的目的是什么？应如李亦畬《小序》中所言，"仅以所得笔之于后。"李公所得的是什么？应该是本人，以及师父即母舅武禹襄的研拳心得体会，才合情入理。从这个意义上讲，"老三本"拳论作者归根到底应该也必然只有两位：李亦畬、武禹襄。

写到这里，疑问由此而生：王宗岳、《王论》又怎么解释呢？就此问题，笔者在参与编纂《永年太极拳志》期间，同当代著名的武式太极拳传人钟振山先生做过多次沟通、探讨。钟先生是"自藏本"曾经的持有者姚继祖先生的弟子，有幸目睹过"自藏本"。他曾说过这样一段意味深长的话：

"姚老师在世时，不止一次说道：'老三本'中的拳论，除了李亦畬的，就是武禹襄的。王宗岳是谁？只有武禹襄最清楚，后人都是浮想联翩的猜测。如果武禹襄当年不写'王宗岳'三个字，一切就简单多了。"

细细推敲，这话很有道理。假如真有所谓的"王宗岳"，真有所谓的"王宗岳拳谱"，其原件的珍贵程度远胜于他人的再抄本。问题的关键、症结也恰恰在此。试想，为什么"老三本"能够一代代传下来，而不见"王宗岳拳谱"原件的传承轨迹呢？它为什么只在"老三本"中提过一笔，就再无踪迹了呢？"王谱"、《王论》、"王宗岳"出现得如此突兀、蹊跷，后人当慎重对待、反思，认真而深入地加以考证。

笔者接触太极拳已经40余年，对"王宗岳""王宗岳拳谱"等传闻曾经深信不疑。然而，当笔者从2004年参与永年县人民政府组织编纂《永年太极拳志》的工作任务之后，面对搜集而来的堆积如山的资料，逐渐地对"王宗岳之说"产生了怀疑。因为，此说多存在于故事、传说、演义当中。如果查阅正史资料，比如其中的时间年代、历史背景等均无确切记载。作为一名学术研究者，要重证据、重史料，传奇、故事、演义不是真正的历史，"讲故事"和"写历史"属于两个不同的范畴或门类。所以，姑且不论历史上有无"王宗岳"，但有一个基本事实不可否认，即《王论》最早出自"老三本"。在此之前的其他任何地方、任何资料中，均不见记载。事实证明：

《王论》最早自河北省永年广府武家或李家传出。

所以，拙著在介绍此论时暂时归于武禹襄名下，并易名《太极拳论》。

还有一个问题需要注意，即《打手歌》为什么列于《打手要言》之后、李亦畬作品之前呢？究其原因，不外乎是武禹襄一篇经数年斟酌而未能完稿的遗憾之作。三句歌诀，读来意犹未尽，似为一首不完整的诗歌。如果辑于前文，似不相称。于是，李亦畬先生便补录于此，以示纪念。

### 三、"太极拳"名称的演化

李亦畬拳论以"太极拳"冠名，而武禹襄作品命名"十三势"，如《十三势架》《十三势行工歌诀》等。可见，武禹襄创拳立说之初尚无"太极拳"称谓。如果有，正如上文所分析，武氏不可能不用含意深刻、立意高远的"太极拳"，而以直白的"十三势"取名。有人可能又会提出质疑了，《太极拳论》为什么冠以"太极拳"之名呢？笔者认为，这是李亦畬再三斟酌后做出的决断。即拳论完成在先，标题出现在后，是李亦畬先生辑录这篇拳论时所添加。细细推敲，《王论》全文仅在开篇以哲学术语"太极"入笔而论述拳理，全篇根本没有涉及"太极拳"的名称。所以，从"老三本"编排有序的拳论中可以看出端倪：

武禹襄与杨露禅研创的新型拳术，初名"十三势"，后来才正式定名"太极拳"。

### 四、"老三本"的价值

"老三本"拳论自成体系，它的价值具体体现在：

（1）"老三本"是迄今为止发现最早的太极拳谱，"太极拳""王宗岳"和《王论》均首见于此处。

（2）上文已谈到，从"老三本"中可以看出太极拳名称的演变过程，始名"十三势"，后称"太极拳"。"老三本"第一部分拳论以"十三势"冠名，如《十三势架》《十三势》《十三势行工歌诀》等，亦即武禹襄研拳初期尚未有"太极拳"之名。第二部分拳论题"太极拳"名，可知，"太极拳"名称是在李亦畬时代产生并逐渐统一的。

（3）"老三本"规范了太极拳身法，制定了一系列行功法则，走架必须体现"无过不及""阴阳相济"等特点。一举动"无使有凸凹处，无使有缺陷处，无使有断续处""极柔软，然后极坚刚；能粘依，然后能灵活"等，这些都成了界定太极拳的准绳。

（4）武禹襄、李亦畬学识渊博，德才兼备，却淡泊名利，唯以研究武学为事。这在"重文轻武""文武不同道"的封建时代，是不为人所尊崇的。然而，今天看来，这种行为、精神无疑又变得难能可贵。武、李先贤开文人研习太极拳之先河，昭示着太极拳文化之伊始。作为开拓者，武禹襄之功甚伟。武、李拳论将拳术与儒家思想水乳交融，使习拳和做人和谐统一。"立身中正安舒""内固精神，外示安逸""气以直养而无害，劲以曲蓄而有余""曲中求直，蓄而后发""气宜鼓荡，神宜内敛"等，无不浸润着儒学倡导的"中庸"思想，体现出研习者对和谐、圆融境界的追求。

（5）"老三本"诸论，不仅有拳名探索、拳架套路、器械练习法，而且有身法要点、打手要言、行工要领、练习法则等，功法艺理兼备，形成一套较为完备的体系，从而奠定了太极拳理论的基础，成为太极拳理论体系的奠基之作。因此，笔者将武禹襄、李亦畬等诸论称为"武李学说"——太极拳的立论基石。什么是太极拳？"武李学说"就是标准和方向。照此修炼，就是真正的太极拳。

当然，前辈先贤的经典拳论产生于清代，作者文学修养高，拳论写得言简意赅，而且结论性语句多，甚至显得有些晦涩难懂。今人如无一定的文言文知识基础，再无明师言传身教，往往产生歧义，而偏离太极拳修炼轨道。这就是当代有许多人练习的所谓"太极拳"五花八门、不伦不类的主要原因之一。要知道，并非所有慢悠悠的运动，都可以叫作太极拳。腆胸凸臀、前俯后仰自非太极拳所为，刚猛惊炸、或高或低、或快或慢以及形同木偶、状如皮影等更有悖于太极拳艺理。无论何家何派、师承何人，只要是太极拳，就应该遵循"老三本"提供的拳理法则。因为，离开太极拳基本理论的实践就是盲目的实践，不应该称为"太极拳"。

任何一门学科的建立，都走过从实践到理论，再从理论指导实践的过程。太极拳也不例外。"老三本"的出现、"武李学说"的诞生，表明太极拳理论与实践体系已初步形成，成为太极拳走向成熟的最鲜明标志。它不仅开启了武术修炼的新纪元，还标志着"武术"和"文化"这两条相对平行发展的脉络最终走向契合，使得太极拳成为传达中华文明和中国文化的载体。作为奠基人，首推武禹襄，次为李亦畬。著名太极拳研究家顾留馨先生（1908—1990）曾不无感慨地说过：

"至于锻炼方法上和理论上的钻研、总结，提供后学揣摩，应归功于武禹襄、李亦畬。"

事实的发展也是如此，其后，诸家拳派、诸家讲论无不受"武李学说"的启迪、影响。早在1935年7月，吴上千先生就写文明确指出：

"李亦畬先生之手抄本，即不啻为各家拳谱之所从出，洵家珍而国宝也。"

吴先生果然有先见之明。过了将近80年后，李亦畬手书太极拳谱最终被评为了民间国宝。如果说中华武林存在秘笈宝典的话，"老三本"就是。笔者想，假如金庸先生有幸见到此谱，肯定会有感而发，再创作出一部震铄古今的传奇巨著（本书出版时，金庸先生已于2018年10月30日逝世，在此表达笔者对金先生的由衷敬意和怀念之情）。笔者真诚希望当代所有太极拳传承者摒弃偏见与固执，撇开家派门户之见，品味"老三本"，研究"武李学说"，一定会大有裨益。

写到此，忽然想起了历史上赫赫有名的大宋提刑官宋慈。要知道他并非宋朝首任提刑官，勘验水平也并非天下第一，但是，他被后人尊奉为"世界法医学鼻祖",为什么呢?就因为宋提刑官把自己一生断案经历忠实地记录下来,写成一本书《洗冤集录》,传于后世,这在全世界都是前无古人的著作。因此,宋慈便被尊为了"世界法医学鼻祖"。

"老三本"同样是太极拳历史上前无古人的经典太极拳谱,由此推知,这些理论与实践的创造之地应该也必然是太极拳的起源之地。

# 第二章　"郝和本"拳论评注

李亦畬"老三本"拳谱，以"郝和本"流传最为广泛、影响最为深远。故本章以"郝和本"为基础，并参以"自藏本"，对拳谱中的拳论进行评注。

## 第一节　《太极拳论》评注

### 一、《太极拳论》原文

太极者，无极而生，阴阳之母也。动之则分，静之则合。无过不及，随屈就伸。人刚我柔谓之走，我顺人背谓之粘。动急则急应，动缓则缓随，虽变化万端，而理唯一贯。由着熟而渐悟懂劲，由懂劲而阶及神明。然非用力之久，不能豁然贯通焉。虚领顶劲，气沈丹田。不偏不倚，忽隐忽现。左重则左虚，右重则右杳；仰之则弥高，俯之则弥深；进之则愈长，退之则愈促。一羽不能加，蝇虫不能落。人不知我，我独知人。英雄所向无敌，盖皆由此而及也。

斯技旁门甚多，虽势有区别，概不外壮欺弱、慢让快耳。有力打无力，手慢让手快，是皆先天自然之能，非关学力而有也。察"四两拨千斤"之句，显非力胜；观耄耋御众之形，快何能为？立如枰准，活似车轮。偏沈则随，双重则滞。每见数年纯功不能运化者，率皆自为人制，双重之病未悟耳。欲避此病，须知阴阳。粘即是走，走即是粘。阳不离阴，阴不离阳，阴阳相济，方为懂劲。懂劲后，愈练愈精，默识揣摩，渐至从心所欲。本是舍己从人，多误舍近求远。所谓差之毫厘，谬之千里，学者不可不详辨焉。是为论。

## 二、《太极拳论》[1]评注

太极[2]者，无极而生，阴阳[3]之母也。动之则分，静之则合。无过不及[4]，随屈就伸[5]。人刚我柔谓之走，我顺人背谓之粘[6]。动急则急应，动缓则缓随，虽变化万端，而理唯一贯[7]。

**【评注】**

（1）《太极拳论》：此文在"老三本"中题目写为《山右王宗岳太极拳论》，但因"王宗岳"不可考，故将此文列于武公禹襄拳论之中，并易名《太极拳论》。该论是一篇八股文，什么是八股文呢？我国科举时代，读书人应试，做文章程式化，旧称"制义（艺）"，俗称"八股文"，由破题、承题、起讲、提比、中二比、后二大比、末二小比、大结组成。它之所以叫作"八股文"，是指文中后四比要各有排偶两股。"八股文"由北宋王安石（1021—1086）所创，完善于明朝，继行于清代。《太极拳论》首句以"太极者，无极而生，阴阳之母也"点破题意，道出"太极"内涵，符合"破题"要求；"动之则分"至"理唯一贯"，承接破题"阴阳"含义，对拳理加以引申、阐释，符合"承题"要求；"由着熟而渐悟懂劲"至"豁然贯通焉"总领全题，阐述练拳顺序，层次分明，符合"起讲"要求……由此推之，可以看出，《太极拳论》是一篇八股文。并且，该文说理透彻，伦次不差，散偶兼备，用典准确，文采斐然。足证：该论作者是一位饱读经书的宿儒。

（2）太极：语出《易·系辞》："易有太极，是生两仪，两仪生四象，四象生八卦。"此处"太极"指派生万物的本原。"太极"和"太极拳"属于两个概念、两种范畴，不可混同一体。太极，是哲学术语，它可以解释万事万物。太极拳，是中华武术的一个拳种，它是借用太极哲理中的"阴阳"之道而创建起来的一个拳种。

（3）阴阳：最初指日光的向背，向日为阳，背日为阴。后引申为气候的寒暖。中国古代思想家目睹一切事物都有正反两个方面，便用"阴阳"来解释自然界两种对立和相互消长的气或物质势力。如西周末年伯阳父认为"阳伏而不能出，阴迫而不能蒸，于是有地震"（《国语·周语上》）。《老子·四十二章》："万物负阴而抱阳。"肯定阴阳的矛盾势力是事物本身所固有的。《易传》作者进一步提出"一阴一阳之谓道"的学说，把阴阳交替看作宇宙的根本规律。

北宋周敦颐（1017—1073），字茂叔，道州营道（今湖南道县）人。官至大理寺丞，国子博士。宋明理学即新儒学创始人，后人尊其为周子。他继承《易传》《中庸》之说，兼采道学，提出一个简单而又系统的宇宙构成论，在他的著作《太极图说》中写道："无极而太极，太极动而生阳，动极而静，静而生阴，静极复动。一动一静，互为其根。分阴分阳，两仪立焉……阴阳一太极也……立地之道，曰柔曰刚。"显而易见，《王论》中的"太极""阴阳"，也包括"动静""刚柔"等之理，便宗周子之说。武汝清在《结论》一文中解释道："夫拳名太极拳者，阴阳虚实也。虚实明，然后知进退。"由此可知，"阴阳"在太极拳艺上与内劲的"虚实"相对应，阴即实，阳为虚。二者互相依存，"阳不离阴，阴不离阳，阴阳相济，方为懂劲"。以阴阳虚实体现太极拳艺的奥妙，能使"人不知我，我独知人"，达到"人为我制，我不为人制"（语出李亦畬《五字诀》）的神妙境界。正如郝少如先生所言：

"太极拳运用阴阳的无穷变化作为制人的方法,使拳艺奥妙无穷。不知阴阳,便不知太极(拳)。"

(4)无过不及:出自孔子《论语》之《先进篇》。"子曰:'师也过,商也不及。''过犹不及'。""过犹不及",无过无不及,是儒家中庸思想的具体说明与体现,意为过分和达不到,两者不相上下,同样不好。朱熹《论语集注》云:"道以中庸为正,过虽若胜于不及,其失中则一也。"其《中庸章句》题下注:"中者,不偏不倚,无过不及之名。"孔子儒学倡导以中庸之道为最高美德,认为任何事物都要有一定的度量界限,超过或达不到这个度量都是不可取的,因此主张"过犹不及"。《王论》运用此道,强调中庸在太极拳走架打手中的具体应用规范,做到"无过不及"。要求行工走架,一招一式,举手投足,既不能"过",又不能"不及",要恰到好处,把握好一个"度"。"过"则失于"顶","不及"则失于"丢"。只有"无过不及",才是不顶不丢,才可能引进落空,借力打人。

(5)随屈就伸:不是"随曲就伸",不是简单的手臂或者肢体的"曲"和"伸"。而是我时时处处不能委曲求全,而是舒放有度、有节,合乎规矩拳理。正如武禹襄所言:要"立身中正安舒,支撑八面"。

(6)人刚我柔谓之走,我顺人背谓之粘:走,走化。并非躲闪、躲开,而是"不丢不顶"的特殊技法;粘,音读"zhān"。此处以糨糊粘物来形容我与对手不丢不顶所采用的特殊技法。背,清直隶广平府一带(今河北省永年县广府镇)口语中"背"和"顺"的意思相反。比如诸事不顺,叫"走背运""走背字儿";事情该办妥的未办妥,称为"点儿背"等。"我顺人背"的"背",意为不顺遂,为人所制,即"顺"的反义。太极拳中的"刚柔"与"阴阳""虚实"相对应,在打手时遇"刚"则"柔",我以"柔"的方式对付对手刚猛的进攻,求达所谓"我顺人背"。人刚我柔,不丢不顶,走化制人。"粘即是走,走即是粘",由弱转强,化被动为主动,以达到"我顺人背"的制人目的。

（7）理唯一贯：语出《论语·里仁》："吾道一以贯之。"《论语·卫灵公》也写道："予一以贯之。"意为一种道理或原则贯穿于事物始终。贯穿于太极拳走架打手的一贯之理便是中庸之道。行拳打手"无过不及，随屈就伸""不丢不顶""粘连黏随"，柔中寓刚，借力打人。正如杨澄甫先生所说："太极拳乃柔中寓刚、绵里藏针之艺术。"

本节言明"太极拳"的实质，及其所运用的技法。

由着熟[1]而渐悟懂劲[2]，由懂劲而阶及神明[3]。然非用工[4]之久，不能豁然贯通[5]焉。

【评注】

（1）着熟：着，本意为下棋落子。如"只因一着错，输却满盘棋"。此处意同"招"，招法、招势。"着熟"，熟于招法。熟悉每一势法的攻防含义，并能够熟练应用。

（2）懂劲：懂得控制自己的劲路，摸清对手来力的大小走向，以求得以劲制人。

（3）神明：语出《韩非子·内储说上》："于是吏皆耸惧，以为君神明也。"意谓无所不知，如神之明。太极拳的"神明"层次，已臻化境，从心所欲，发人于无形，因而称之为"神明"。

（4）用工："自藏本"写作"用工"，而"郝和本"写作"用力"。"用工"较之于"用力"更加贴切，更加合乎拳理。太极拳是"懂劲"的艺术，以"知人""制人"为技击手段和目的。这种功夫很难求得，单凭漫无目的"用力"去练远远不够。应该"用工"，以"身法"准则等为规范。知规矩，守规矩，合规矩，所谓"工用无息法自休"方能"豁然贯通"。

（5）豁然贯通：此语源于"豁然开朗"。语出陶渊明《桃花源记》："初极狭，才通人。复行数步，豁然开朗。"形容狭隘幽暗一变而为开阔光亮，引申为通晓领悟。清康熙帝为《御纂朱子全书·序》中云："而一旦豁然贯通之为要。"此处"豁然贯通"便源于此，用来比喻修炼太极拳达到"神明"境界时的顿悟体验。

本节言明修炼太极拳的三个步骤或称层次。着熟、懂劲、神明，被称为练习太极拳的三个步骤、阶段或者层次。行工走架先从一招一式练起，招法必须使用纯熟，了然于心。然后再求劲法，懂得控制自己的劲路，摸清对手来力的大小走向，求得以劲制人、以巧取胜、以柔制刚。神明阶段则说有即有，说无即无，浑身上下都是手，发人于无形，所谓"从心所欲"也。严格而言，"着熟"尚不属于真正意义上的太极拳。"懂劲"，以劲制人，才是太极拳。因而，"着熟"是为求达"懂劲"而做的铺垫，是向"懂劲"的过渡。反之，要想求达"懂劲"，必须"着熟"。"着熟"是"懂劲"的基础，是通向"懂劲"的必经之路。而所谓的"懂劲"，正如恩师吴文翰所言："听劲准，化劲巧，拿劲稳，发劲狠，才算懂劲。"

太极拳有"打劲不打招（或'着'）"之说。但是，不打招，不是不要招法，没有招法，毕竟招法是劲的载体，离开了招式，何来劲法？因而，所谓的"不打招"实际上是尽量缩小招式，依然能控制对方的劲路。

虚领顶劲(1)，气沈丹田(2)，不偏不倚(3)，忽隐忽现。左重则左虚，右重则右杳；仰之则弥高，俯之则弥深；进之则愈长，退之则愈促(4)。一羽不能加，蝇虫不能落(5)。人不知我，我独知人。英雄所向无敌，盖皆由此而及也。

【评注】

（1）虚领顶劲：意同《身法》中的"提顶"，为武禹襄所规范的太极拳主要身法之一。领，提纲挈领。头顶百会穴如有一线虚虚上提，如此则头颈正直。如同衣架挂衣，身体自然垂顺。

（2）气沈丹田：太极拳中的"气沉丹田"，不同于气功中的导引术，将其导引至丹田。在太极拳中是一种身法要求，更多的是一种感觉、体验。丹田，非指一个穴位，而泛指小腹、腹部。正如郝月如先生所言："能做到尾闾正中、涵胸、护肫、松肩、吊裆，就能以意送气，达于腹部，不使上浮，谓之气沉丹田。"

（3）不偏不倚：上文已解释，语出朱熹《中庸章句·题下注》。《太极拳论》所指的"不偏不倚"，武禹襄注解为"立身中正安舒""立身中正不偏，能八面支撑""有上即有下，有前即有后，有左即有右。如意向上，即寓下意"。武公还规范了做到"不偏不倚""立身中正不偏"的身法十要，即："涵胸、拔背、裹裆、护肫、提顶、吊裆、松肩、沉肘、腾挪、闪战"。

（4）左重则左虚……退之则愈促：其句式结构脱胎于《论语·子罕》："仰之弥高，钻之弥坚，瞻之在前，忽焉在后。"武秋瀛在《释原论》中指出："左重、右重、仰之、俯之、进之，是谓人也；左虚、右杳、弥高、弥深、愈长，是谓己，亦为人也。虚、杳、高、深、长，人觉如此，我引其落空也。'退之则愈促'，乃人退我进，促迫彼无容身之地，如悬崖勒马，非懂劲不能走也（或不能如是也）。"

（5）一羽不能加，蝇虫不能落：主要描述太极拳走架打手要做到轻灵。轻灵，是太极拳所追求的高级境界。

本节言明太极拳身法重要性以及身法的变化。因为太极拳的修炼归根结底是身法修炼的过程，气沉丹田，立身不偏不倚，中正安舒，支撑八面。如此，面对对手或左或右、或高或低，不同角度的进攻，我才能做到"不丢不顶""人不知我，我独知人"。太极拳修炼，必须追求"轻灵"。正如杨健侯所说："轻则灵，灵则动；动则变，变则化。"唯有轻灵，才能准确感知到对手的进攻势头，从而有效化解。

斯技旁门甚多，虽势有区别，概不外壮欺弱，慢让快耳。有力打无力，手慢让手快，是皆先天[1]自然之能，非关学力[2]而有也。察"四两拨千斤"之句，显非力胜[3]；观耄耋御众之形，快何能为？

**【评注】**

（1）先天：此语始见于《易·乾》："先天而天弗违，后天而奉天时"。西方哲学把"先天"等同于观念的或理性的，而把"后天"等同于经验的。该论中的"先天"一语当源自西方哲学。强凌弱，有力欺无力，快打慢，虽然是先天所赋，但不是不可以改变的。太极拳便可以将先天之弱势，经过后天艰苦实践经验的积累而加以转变，求达以弱胜强，以小力胜大力，所谓"牵动四两拨千斤"。太极拳的以弱胜强是相对而言的，绝对的弱不可能战胜绝对的强。太极拳只不过善于集中、整合自身实力，于运动中寻找对手的破绽，迅速打击对手最薄弱的环节。从局部来看，仍然是以强胜弱。那么，《太极拳论》为什么会出现西方哲学术语呢？因为自清中晚期，西方的一些科学、哲学思潮涌入大清国门，尤其清末如魏源（1794—1857）、严复（1854—1921）等著书立说介绍西方哲学、科学，中西方文化思想发生碰撞交融。笔者以为这就是该论受西方哲学思想影响的根源所在，由此可以推知，《太极拳论》的写作年代应当在清中晚期或晚期为确。

有一事例可兹佐证：霍文山——河北省邯郸市永年区极有声望的古汉语老师，不练太极拳，更不通太极拳理。但是，当他的学生赵宪平（当代永年著名太极拳传人）请他将《太极拳论》翻译成现代文时，他说道："从遣词用语和文风来看，这是一篇写作于清中晚期的八股文，或许更晚些，即清末。"笔者对古文常识知之甚少，霍先生的话难以求证，记录于此，以为旁证。

（2）学力：此语始见于宋代范成大的《送刘唐卿户曹擢第西归》，

"学力根深方蒂固，功名水到渠自成"。清乾隆五年（1740年）刻印的《钦定四书文》（志英按：阐述四书之义的作品集），卷首载有乾隆皇帝的谕旨，其中有"国家以经义取士……于四子五经之书，阐明义理，发其精蕴，因以觇学力之浅深与器识之淳薄……"当代太极拳史论家吴师文翰认为《太极拳论》"学力"一词源于乾隆皇帝谕旨的可能性更大。因为那个时代的读书人，对于康熙、雍正、乾隆所作之序、谕旨等十分崇拜，竞相阅读而耳熟能详。故，笔者赞同吴师的推论。

（3）察"四两拨千斤"之句，显非力胜：此句颇为耐人寻味，耐人寻味之处在于所引用的"四两拨千斤"这句话。既然是引用，必定前有出处。出处在哪？在武禹襄的《打手歌》呀，其中写道："任他巨力来打我，牵动四两拨千斤。"这足以说明，《太极拳论》不可能产生于武禹襄之前，不可能在武禹襄时代之前有个叫"王宗岳"的。若非如此，何来"察'四两拨千斤'……"之语呢？咦——无意之间，也可能是有意而为之吧，作者在此处暴露了身份。哈哈——原来是武禹襄先生在和自己兜圈子呢！

对，所谓"四两拨千斤"，就是"牵动四两拨千斤"的省略语。恰恰就是这样的省略语，致使很多人简单地理解为：太极拳能够用我的"四两"之力，去拨走对方的"千斤"来力。很显然，这是有违科学之理的。因为绝对的"四两"小力，不可能拨走"千斤"的巨力。一定注意"牵动"一词的存在和含义，如同牵动牛一样，"四两"和"千斤"都是指的对方。"显非力胜"，不是不用力就能取胜，而是善于"用力"，巧于"用力"。将己之力用得"恰此时"，所谓恰到好处是也。总之，太极拳艺的修炼是要改变人的随意机能，改变先天遇力或顶抗或躲闪的习惯，从而做到"粘连黏随""不丢不顶"。如此，方能求达"借力打人"。

此节指明太极拳技艺的高超精妙。

立如枰准,活似车轮[1];偏沈则随,双重则滞[2]。每见数年纯功不能运化者,率皆自为人制,双重之病未悟耳。欲避此病,须知阴阳。粘即是走,走即是粘。阳不离阴,阴不离阳。阴阳相济,方为懂劲[3]。懂劲后,愈练愈精,默识[4]揣摩[5],渐至从心所欲[6]。

## 【评注】

(1) 立如枰准,活似车轮:枰,棋盘。"自藏本"写为"秤准",而根据"启轩本"编著出版的《李氏太极拳谱》也写作"秤准"。故,此处"枰"当为通假字,同"秤"。此处运用比喻手法来描述行拳打手的态势,姿势不仅要中正安舒,不偏不倚,而且手上要有分寸,如同秤准,能够"秤彼劲之大小,分厘不错;权彼劲来之长短,毫发无差"(语出李亦畬《五字诀》)。这是相对静止时的状态,所谓静如山岳,立如秤准。运动时要"活似车轮",左旋右转,无凹无凸,无不得力。因而,太极拳忌直出直入,直进直击。而要曲线制人,正如武禹襄所言,"曲中求直,蓄而后发。"

(2) 偏沈则随,双重则滞:偏沈,即"偏沉"。沈,旧时同"沉"。"偏沉"源于生活中的小常识。旧时没有动力机器,常用人力,肩挑重物。一条扁担,肩起一家人的生活。挑水担物有一定的技巧,如果一头轻、一头重,将会导致失重向一头倾斜,这叫作"偏沉"。人力车载物,前后或左右装得不均匀,同样会造成"偏沉"。偏沉,挑、拉东西就费力多了,如此扁担或者车子肯定要向重的那边倾斜。所以一定要找准一个平衡点,均衡了,挑、拉东西就省力多了。杨禄露传系有一本《三十二目太极拳谱》,其中写得非常明确:"半沉偏沉,虚而不正也;半浮偏浮,茫而不圆也。"杨澄甫写得更加明确,指出:"身躯宜中正而不倚。""身躯前扑,即失中正之势。""偏沉",失于中正,歪斜着身子,是练习太极拳之大忌。双重,阴阳不分，虚实不明，失于圆活，其结果必然滞而僵呆。"偏沉""双重"均为练习太极拳的弊病。

"立如秤准，活似车轮；偏沉则随，双重则滞"，是一个完整的对偶句，对仗工整。前半句均用比喻，表示正确的练法；后半句则表示做不到"立如秤准，活似车轮"的结果。即"立如秤准"，否则便会"偏沉"，偏沉的结果必然导致身体随之向一边倾斜。所谓：立如秤准，偏沉则随；"活似车轮"，否则便会"双重"，双重的结果必然是"滞"而不灵活。所谓：活似车轮，双重则滞。

（3）阳不离阴……方为懂劲：唐豪先生认为："阳不离阴，阴不离阳，阴阳相济，方为懂劲。"是从胡煦的"阴阳不相离，又有相须相互之妙"引申而出。胡氏1736年卒，其著见于《周子全书》，该书出版于乾隆二十二年（1757年）。由此推知：《王论》应作于1757年之后为确。明确了"阴阳相济"的关系，在修炼太极拳时做到了"阴阳相济"，就是"懂劲"。"懂劲"，才可以算作步入修炼太极拳之门。因而，"着熟"，招法运用得再纯熟，尚不能称为太极拳。

（4）默识：出自《论语·述而》："默而识之。"即默记在心里。

（5）揣摩：语出《战国策·秦策一》："苏秦得太公《阴符》之谋，伏而诵之，简练以为揣摩。"意为悉意探求，以合于本旨。

（6）从心所欲：出自《论语·为政》："七十而从心所欲，不逾矩。"意为到了70岁，我便随心所欲，也不会有越出规矩的可能。太极拳的规矩，即"无过不及，随屈就伸""虚领顶劲，气沉丹田"等，走架打手一举一动必须明规矩守规矩，进而脱规矩而合规矩，久而习惯成自然，处处协于规矩，于是，才能企及"物来顺应"（武禹襄语），随手发放，"从心所欲"。从心所欲，即为"神明"阶段。郝月如在《引进落空借力打人》一文中这样写道："若到此境界，则无所谓内外，无所谓不对。一举动则无不恰合法度，形神皆忘。左重则左虚，右重则右杳。触之则旋转自如，无不得心应手。如响斯应，疾如电掣。引进落空，借力打人，则无不随心所欲矣。"

本节谈修练太极拳的得与失，重点指出练习太极拳的两大弊病——"偏沉"和"双重"。因而，修炼太极拳必须做到"无过不及，随屈就伸""不偏不倚""立如秤准，活似车轮"，这样才能"阴阳相济"，虚实分清，柔中寓刚，引进落空，借力打人。修炼太极拳须时时"默识"各项要领，"揣摩"各种功理。这正是："势势存心揆用意""刻刻留心在腰间"，从而求达"豁然贯通""阶及神明"。此所谓"得来不觉费工夫"。这里所言之"神明"境界之高妙，可谓高不可攀，当今无人可及。但是，我们应以此为目的而孜孜以求。

本是舍己从人[1]，多误舍近求远。所谓差之毫厘，谬之千里[2]，学者不可不详辨焉。是为论。

## 【评注】

（1）舍己从人：见《书·大禹谟》，"稽于众，舍己从人"。孔颖达疏："考于众言，观其是非，舍己之非，从人之是。"即放弃个人私见，听从众人公论。《太极拳论》借用此语，主张打手时不要由己，"从人则活，由己则滞"（语出武禹襄《打手要言》）。郝月如先生更有细致阐述："太极拳有舍己从人之术，挨何处，何处灵活。假使挨手，手腕灵活；挨肘，肘能灵活；挨胸，胸能灵活。周身处处如此。又：挨手意在肘，挨肘意在肩，挨肩意在胸，挨胸意在腰，挨腰意在股。以此推之，粘连黏随，不丢不顶，引进落空，借力打人，皆此意也。"那么，如此"舍己从人"，岂非不由自主，丧失主动权而"我为人制"了吗？答案是否定的。郝月如在《引进落空借力打人》一文中进一步阐明道："欲要知己知彼，则先要舍己从人，不要由己。从人则活，由己则滞，而从人仍是为了由己。若彼欲往左，则我以意领其往左；彼欲往右，则我以意领其往右；若彼欲进，则我之意牵引其而进；

彼欲退，则我以意顺其而退；若彼欲往上，则我以意率其而上；彼欲往下，则我以意率其而下；若彼欲开，则我以意挈其而开；彼欲合，则我以意挈其而合。能达此地步，乃能'左重则左虚，右重则右杳；仰之则弥高，俯之则弥深；进之则愈长，退之则愈促'。从外观之，似随人而动，然则人为我内形所控制，故舍己从人仍是由己。舍己从人非纯粹外形的随人，没有内形的支配是舍近求远。这样，不但无法达到舍己从人的目的，反会为人乘机而入（志英按：即'我为人制'）。故舍己从人须内外结合，周身相随，得机得势。其关键还是在内，能舍己从人，方能探知彼劲之虚实（志英按即'人为我制'）。"

（2）差之毫厘，谬之千里：此语始见《礼记·经解》："君子慎始，差若毫厘，谬以千里。"清代诗人袁枚（1716—1798）在《随园诗话卷二·四二》中写道："为人不可不辨者：柔之与弱也，刚之与暴也……差之毫厘，失之千里。"《太极拳论》之语应源于此。太极拳走架打手如果以内形支配，便可以"舍己"而"由己"；如果没有内形支配，则"舍己"而"由人"。这岂非一字之差，而"谬之千里"吗？

本节讲"舍己从人"和"舍近求远"的区别，指出"舍己从人"才是太极拳的鲜明特征。最后，紧扣主题和题目，以"是为论"结束全文。整篇文章前后呼应，首尾相顾，结构严谨，一线贯串。

该文借用哲学中的术语"太极"起笔，而论"拳术"。所谓"太极者，无极而生，阴阳之母也。"即借用"阴阳之理"来制定出太极拳的走架打手法则与原理。动，则分；静，则合。每一举动要"无过不及，随屈就伸""不偏不倚"。总归一句话，要"阴阳相济，方为懂劲"，接着便以"是为论"收笔。全篇首尾兼顾，如线缀珠，一气呵成，文采非凡。读来抑扬顿挫，一咏三叹，令人拍案叫绝。这门拳学为什么称为"太极拳"呢？其理尽在《太极拳论》。

太极拳并非主动出击之术，不是以刚对刚之技，而是"以柔克刚"的技击艺术，正所谓"人刚我柔为之走，我顺人背谓之粘"。"走"和

"粘"是太极拳的独有技术，它的练习阶段分三步走，即"着熟""懂劲""神明"，所谓"由着熟而渐悟懂劲，由懂劲而阶及神明。"实际上，"着熟"尚不能称为"太极拳"。此时，还不懂得运用阴阳之理。只有"阳不离阴，阴不离阳；阴阳相济，方为懂劲"。懂得了阴阳转换之道，才是太极拳。因此，打招，以招法制人，不属于真正意义上的太极拳。太极拳是控制劲法、劲路，以劲制人的技击艺术。当然，练习"懂劲"的前提必须要"着熟"。因为只有"着熟"，才可能"懂劲"。所以"着熟"是练习"懂劲"的必由之路，"着"即"劲"的载体。

## 小　结

封建时代，武术界所出现的拳谱，绝大多数写得十分粗糙。一般只记录拳势名称或简单的练法，而且多用俗文俚语，少有文采。而李亦畬太极拳谱是个极其罕见的例外，所收录的拳论篇篇堪称美文，尤其以《太极拳论》为最佳。该文不仅是一篇典型的八股文，而且是一篇极为罕见的武术美文，当代著名的太极拳史论家吴文翰先生曾赋诗赞叹道：

"千古才人非一家，

　　班（班超）马（司马迁）李（李白）杜（杜甫）竞相夸；

　　莫把拳论等闲看，

　　百花园中一劲花。"

该论是对太极拳进行准确定位的开山之作，文中提出一个全新的技击理念——以柔克刚。不采用传统意义上的以刚对刚、以快打快、以猛对猛、以硬碰硬的技术手段，它的指导方针是"人刚我柔谓之走，我顺人背谓之粘。动急则急应，动缓则缓随"，这便是太极拳运动的核心内涵，也是它和其他拳种的本质区别。我采用"柔"的方式应付对手刚猛的进攻，求达"我顺人背"，即所谓的"以柔克刚"。这种柔化制人的策略实施前提是我方不采取主动攻击的方式，将自身设定于弱势防守地位，以静制动，以逸待劳，大胆地放纵对手来进攻，然后我再实施反击。正如武禹襄先生在《打手要言》中所言，"彼不动，己不动；彼微动，己先动"。由此可见，我方是先防守，后反击，并且要做到后发而先至。那么，"我"是如何做到后发而先至的呢？武公便借用比喻手法加以解释，指出："物将掀起而加以挫之之力，斯其根自断，乃坏之速而无疑。"我不与对手进行正面顶抗交锋，而是侧面回击，在"物将掀起"，即对方发起进攻之时，我再"加以挫之之力"，趁其势，借其力，曲线制敌，切线反击。所谓"曲中求直，蓄而后发"。这便是修练太极拳的最基本原则。综上所述，可以用一句话来概括太极拳的定义：太极拳是一种以柔克刚、贴身防守反击的艺术。它永远将自身设定在弱势防守地位，采用曲线制人、借力打人的柔化策略，达到后发制人的目的。

太极拳练习阶段分为三个层次：着熟、懂劲、神明。这需要"工用无息"、锲而不舍的修炼，要遵循太极拳基本身法准则，时时处处立身中正安舒，"不偏不倚"，随人而动，舍己从人，追求轻灵的至高境界。顺其自然，不得偏沉、双重。纵观全文，哲学中的"太极"是纲领，是指导思想。以"阴阳"之道来制定太极拳的修炼法则，所谓"阳不离阴，阴不离阳。阴阳相济，方为懂劲"。太极拳就是追求"懂劲"，以劲制人，控制对手的劲路。所以，明确了太极拳的"阴阳"之道，就是"懂劲"，就进入了"太极拳"的修炼大道。

通览全文，《王论》没有"怪力乱神"之语，融汇古典文化于拳论之中，赋予拳理文学色彩，尤以借鉴《论语》等儒家经典最为突出。全文自始至终紧紧围绕儒家学说展开，处处浸润着儒学思想的营养，可谓"理唯一贯"。作者引用经书典籍、儒家语录，信手拈来，巧妙将中庸思想和拳术技艺融为一体。再者，该论说理深透，伦次不差，散偶兼备，用典准确，文采斐然，即便作为文学作品来品味，也不逊色于文坛大家。这充分表明：

《王论》的思想内涵，也即太极拳文化的思想内涵是传统儒学所倡导的——中庸。

任何一篇文章都不会离开当时的社会背景，都在有意无意间烙印上那个时代的特色。比如民国时期、文化大革命、改革开放之后等时代的文章，我们一眼就能分辨出来是哪个年代的作品。《王论》也是如此，综合以上资料和分析进行判断，可以得出这样的结论：

《王论》的写作年代应在清中晚期或者清末。

## 第二节 《十三势架》[1]评注

懒扎衣[2] 单鞭[3] 提手上势 白鹅亮翅[4] 搂膝拗步 手挥琵琶势[5] 搂膝拗步 手挥琵琶势 上步搬拦垂[6] 如封似闭 抱虎推山[7] 单鞭 肘底看垂 倒辇猴[8] 白鹅亮翅 搂膝拗步 三甬背[9] 单鞭 纭手 高探马[10] 左右起脚 转身蹬一脚 践步打垂 翻身二起 披身 踢一脚 蹬一脚 上步搬拦垂 如封似闭 抱虎推山 斜单鞭 野马分鬃 单鞭 玉女穿梭[11] 单鞭 纭手下势 更鸡独立 倒辇猴 白鹅亮翅 搂膝拗步 三甬背 单鞭 纭手 高探马 十字摆连[12] 上步指裆垂 单鞭 上势懒扎衣[13] 下势[14] 上步七星 下步跨虎 转脚摆连 弯弓射虎[15] 双抱垂 手挥琵琶势[16]

**【评注】**

（1）《十三势架》：该拳架在"郝和本"计53势，在"自藏本"中则为55势。去除重复动作，两个藏本实际上记录的拳势均是31势。套路取名"十三势架"，可证当时还没有"太极拳"名称。即"十三势"是"太极拳"的早期称谓之一。该套路由武禹襄所记录。查阅相关史料，此前不见任何记载。可证：这是见于文字记载的最早"太极拳"套路名称。

（2）懒扎衣：在李亦畬早期的"草稿本"，比如"丁丑本"中记作"揽鹊尾"，这和杨露禅传系拳架中的"揽雀尾"极其相近。查陈家沟早期抄本如所谓"两仪堂本"等，则写为"懒插衣"或"懒擦衣"。由此看来，同一个势名写法不同，其原因大概为口口相传所造成的笔误。"老三本"为何改写为"懒扎衣"呢？查戚继光《纪效新书》，其"拳经捷要"记载的长拳套路有一势名为"懒扎衣"。可证：武禹襄是在查阅了戚氏拳经之后对拳势名称作出了修订。若干年后，陈家沟也步武氏后尘，将"懒插（或'擦'）衣"势名改写成了"懒扎衣"，而杨传一脉依然沿用"揽雀尾"的势名。从"懒扎衣"势名的演化过程，可以发现"十三势"即太极拳的形成借鉴了《纪效新书》中的艺理技法。此势在武禹襄传系太极拳中势法简洁朴实，两手一前一后、一上一下由胸前徐徐掤出。其他拳势都可以从此势中顺势转化而出，其他各势也可以从容回归于"懒扎衣"。故，"懒扎衣"称为太极拳母势。

（3）单鞭：源自骑兵一手挽缰，一手挥鞭策马奔驰的飒爽英姿。以此来比喻太极拳这一拳势——弓步向前，两手前后分开，一守一防如同骑手的姿态，故名"单鞭"。

（4）白鹅亮翅：也写作"白鹤亮翅"。鹤，仙鹤。旧时易使人联想起仙道之风。武禹襄是一介儒生，习孔孟之学，不喜仙道之术，故将"鹤"易为"鹅"。天鹅"曲项向天歌"，高雅圣洁，富有儒雅之风骨。

（5）手挥琵琶势：此势技法为我缚对手一臂，擎引松放，伺机擒纵，犹如斜抱琵琶，素指轻弹《十面埋伏》，外示安逸，内隐杀机。尤其，"抱"改为"挥"，画龙点睛，道明此势的技法特征。

（6）上步搬拦垂："自藏本"中记作"搬拦垂"。垂，通假字，同"捶"。下同。

（7）抱虎推山：一"抱"一"推"，一防一攻，攻防之道，一目了然。面对如狼似虎的强大对手，我应该比老虎更威武。要具备武松伏虎之气势，撼动山岳之气概。其应敌彪悍之态，跃然纸上，力透纸背。

（8）倒辇猴："辇"，古时用人拉的车。这里名词用作动词，同"撵"，"追赶"的意思。下同。"倒"，表明拳势的运动特点，是针对对手从后方袭击于我时，所作出的反击策略。"撵"，道出了技击含义，要有追风赶月之势。"猴"，描绘出应敌机警的彪悍神气。此势与"抱虎推山"相呼应，说明要战胜如虎似猴的对手，就要比老虎更威武，比猴子更机灵。

（9）三甬背：亦写作"闪通背""扇通背""三通背""三同碑"等。笔者以为"三甬背"更能确切表明这一势法的特点。此势有进有退，左顾右盼。进中有退，退隐进机。步走三角之势，源源相连，如潮水涌来，故名"三甬背"。

（10）高探马：所谓"探马"，即指做侦查工作的骑兵。此势技法是我控制对手上臂，取下收上合之势，如同探马长身来报，因而得名"高探马"。

（11）玉女穿梭：它是由四个相同的拳势组成的。假想对手从身后拦腰箍抱，我即做出扑面、肘击、拍裆的反应。此势上、中、下几乎同步，虚实结合，且回环往复，步走循环，如同织女织布来回穿梭，故取名"玉女穿梭"。

（12）十字摆连：多写作"十字摆莲"。摆莲，指摆腿技法特征，犹如风摆莲花，不可谓不优美。但是，清代女子缠足，俗称"金莲小脚"。因而，武禹襄多有忌讳，易为"连"字。其中，也隐喻"十字摆连"一势包含着连环用法之意。下同。

（13）上势懒扎衣："郝和本"中无此势，见于"自藏本"。

（14）下势：此势在"郝和本"中被涂抹，未知何故。"自藏本"中有此势。

（15）弯弓射虎：请注意，在太极拳势名中，"虎"和"猴"均比喻为对手，我必须有伏虎之势，灵活胜猴。此势双手握拳，控防对手双臂，呈射箭对拉之势，故名"弯弓射虎"。

（16）手挥琵琶势："自藏本"中无此势。

太极拳艺不仅创新了技法，提出了新的技击理念，在势名"包装"上也下了一番功夫，这无疑得益于诸如武禹襄等文化人的参与。武术势名向来直表其义，多粗俗俚语，且罕有文采。太极拳的出现从根本上改变了这种倾向，拳势名称趋向文雅，且形象生动，赋有极其浓郁的文化内涵，从而使得太极拳套路从形式到内容焕然一新，这是任何一个拳种都无法比拟的。我们不妨回头看看陈家沟炮捶术的势名，两相比较，优劣自显。下面将陈家沟《头套锤拳架》势名摘录于下，供读者参考：

"懒插（亦写作'擦'）衣　金刚大捣碓　单鞭　一收　金刚大捣碓　斜上一步　六封四闭　邪行腰步　搂膝　十字单鞭　一收　前堂　邪行拗步　搂膝　十字单鞭　一收　又前堂　邪步　搂膝　十字单鞭　一收　前跳一步　金刚大捣碓　伏虎　护心锤　转脸　肘底看拳倒卷红　六封四闭　邪行拗步　搂膝闪同碑　单鞭　云手　高探马　左右插脚　中单鞭　回头蹬一根　跳一步　点一锤　转脸二起插脚　上一步　分门庄　回头左踢一脚　空后蹬根左右拍膝　袖里一点红　回头豹虎推山　拖身锤　抽身后跳一步　双跌脚　玉女攒梭　闪同碑　单鞭　云手　高探马　十字脚　指裆捶　单捶拦打　右里七星　回头看花　小擒拿　单鞭　左外七星　白鹅掠翅　双手摆脚　当头炮　终"

## 小　结

"十三势架"，也即"太极拳套路"，以三次"纭手"为界限分成四个节序。查阅杨、吴、孙等诸派太极拳传统套路均采用这种"四节式"编排模式，其势名、顺序、编排模式也与之相类似。可证：这些流派同宗一脉，本为一家。可是，近些年来陆陆续续出现了一些宣称是杨

93

班侯或杨少侯，甚至还有杨露禅在宫廷内部等真传或秘传的拳架拳艺，是真是假，似乎很难判别。但是，如果追根溯源，太极拳最初在广府杨露禅、武禹襄研创时期本为一套，无杨家、武家之别。以杨家为例，杨澄甫在《太极拳体用全书中》中写道："太极拳只有一套，无二法门。"由此可知，杨露禅家族三代人承传的实为一套拳架，只不过在演示或表现的过程当中，不同的人打出不同的风格特点。比如杨家第三代传人，"四十年前，见凤侯先生之子兆林先生之拳，系杨班侯先生亲授，乃系紧凑之架子，打来不快不慢。澄甫先生系宽大棉柔而缓，少侯先生则紧凑而促。"这是杨澄甫先生高足董英杰先生在《太极拳释义》中的记录。很显然，是一套太极拳，被三位"杨先生"打出三种韵味。无独有偶，杨班侯的再传弟子吴孟侠先生在《太极拳九诀八十一式注解》中也写道：杨班侯所传的"这套八十一式，旧称'大功架'，其姿势动作与杨澄甫所传的大架子大同小异……"杨、董、吴三位先生的记载可作为辨别太极拳架真伪的重要参考。所谓"欲知山下路，要问过来人"，他们正是过来之人。

## 第三节 《身法》[1]评注

涵胸 拔背[2] 裹裆 护肫[3] 提顶 吊裆[4] 松肩 沉肘[5] 腾挪 闪战[6]

【评注】

（1）身法：太极拳"身法"借鉴了明代李呈芬的《射经》（又名《射术》），其中这样写道："身法之善，莫若蹲腰坐胯最为便宜。腰蹲则身不动，坐胯而臀不显。肩肘腰腿力萃于一处，易起易伏。"足法"丁字不成，八字不就……"武禹襄出身书香门第，武弁之家，历代不乏功名入仕者。比如其祖父，德刚老先生，"少业儒，体羸废读，改习骑射。弱冠，入郡庠。"（见《永年县志》）由此可知，武禹襄不仅熟读经史，也必然熟悉弓马骑射，深谙射箭理法。观其所传拳理、拳法、拳势以及拳势名称就有许多与骑射有关。由此，很自然地借鉴了《射经》中的"手法""眼法""身法""足法"等，制定出练习太极拳所必须遵循的"身法十要"，即："涵胸、拔背、裹裆、护肫、提顶、吊裆、松肩、沉肘、腾挪、闪战"。

太极拳身法不仅仅指躯干部位，同时将手法、步法、眼法、心法也包括其中。它是对人的意识、对身体各部位如何运动的规范。无论前进后退，左旋右转，一举一动，无时无刻，都要合乎法度，身法不能有一丝一毫的散乱。也就是说，并非所有慢练拳术都可以叫作太极拳，不符合身法要领的演拳形式，即使再慢悠悠的练习也不属于太极拳运动的范畴。因此，"身法"是检验太极拳正确与否的标准，是衡量太极拳的试金石。太极拳"身法"至四传郝月如先生时，又增益三条："尾闾正中、气沉丹田、虚实分清。"共计十三条身法准则（见下图）。一个半世纪以来，太极拳虽已百花齐放，流派纷呈，但杨、武、吴、孙等家派

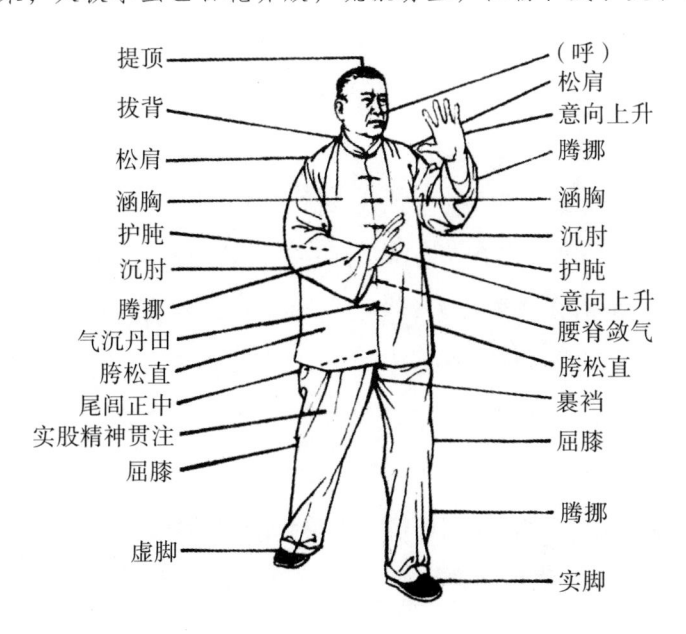

提顶　　　　　　　　　　　（呼）
拔背　　　　　　　　　　　松肩
松肩　　　　　　　　　　　意向上升
涵胸　　　　　　　　　　　腾挪
护肫　　　　　　　　　　　涵胸
沉肘　　　　　　　　　　　沉肘
腾挪　　　　　　　　　　　护肫
气沉丹田　　　　　　　　　意向上升
胯松直　　　　　　　　　　腰脊敛气
尾闾正中　　　　　　　　　胯松直
实股精神贯注　　　　　　　裹裆
屈膝　　　　　　　　　　　屈膝
　　　　　　　　　　　　　腾挪
虚脚　　　　　　　　　　　实脚

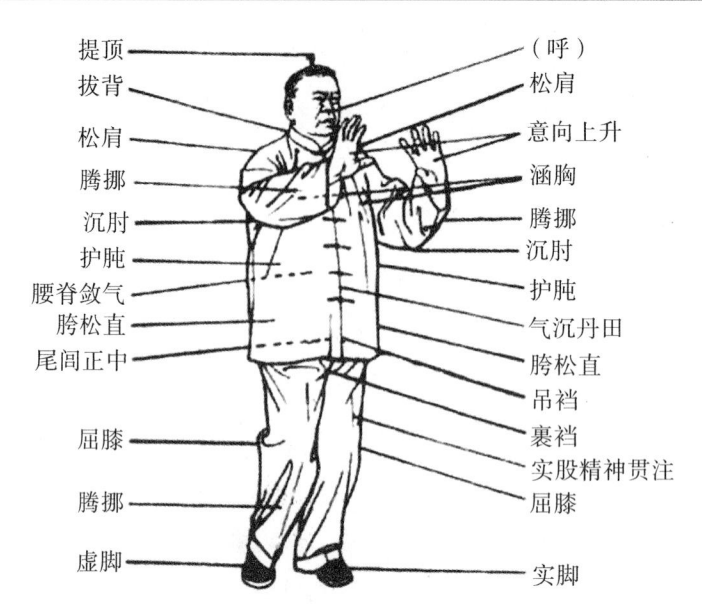

| 左侧标注 | 右侧标注 |
|---|---|
| 提顶 | （呼） |
| 拔背 | 松肩 |
| 松肩 | 意向上升 |
| 腾挪 | 涵胸 |
| 沉肘 | 腾挪 |
| 护肫 | 沉肘 |
| 腰脊敛气 | 护肫 |
| 胯松直 | 气沉丹田 |
| 尾闾正中 | 胯松直 |
|  | 吊裆 |
|  | 裹裆 |
| 屈膝 | 实股精神贯注 |
| 腾挪 | 屈膝 |
| 虚脚 | 实脚 |

对身法的规范尽管有所增删损益或表述不尽相同，其基本要求别无二致，主旨上不存在歧义。武禹襄制定的身法十要，只记述下名称，没有留下文字说明。第一位对"身法"作出注解并补充完善者是郝月如先生，此后，徐哲东、郝少如、吴文翰等均结合自身体悟进行了更为具体而细致的论述。

（2）涵胸 拔背：此二者是前与后的关系。涵胸，亦写作"含胸"等。涵胸，不是凹胸，如此会导致背驼如锅。要顺应人体脊骨的自然生长状态，进行两肩微向前合，气向下松沉的优化整合。两肩前合要无过不及，忌挟肩，忌耸肩夹颈，如此气上涌、劲上浮，下盘不稳。"拔背"的基础是提顶、吊裆必须到位，胸不可前挺，脊骨自然拔起，两肩中间脊骨处便会产生鼓起或隆起的意识感觉。谨记：昂首挺胸如牌位不是"拔背"，这样有违脊骨自然弯曲的生理状态，当然更不利于蓄劲、发劲。

（3）裹裆 护肫：此二者是内与外的关系。"裹裆"与"吊裆"的意义作用不同，但目的一致，都是为了保持自身重心的轻灵稳健，不致"偏沉"或"双重"。裹裆，两膝内裹，但绝不是夹裆。切记：重意不重形，意在膝头对准脚趾。准确而言，须向脚大趾方向着力。

还要与"吊裆"相呼应，听命于"舵"——尾闾、腰隙的指挥。两腿如同一腿，动则俱动，协调一致，前弓后蹬，前虚后实，下盘稳固扎实而灵活。护肫，本意指禽类的胃，引申为人的肋。《说文》解道："肋，胁骨也。"此处当指胸腔两侧的软肋，人体较为脆弱的部位。"护肫"的含义：一是两胁收敛，取下收前合的自我保护态势；二要与"松肩""沉肘"相结合，上护头，下护肋，守中门，护中线。肫，常被误读为"tún"，致使有人误写为"护臀"。试想：与人正面对搏，守中用中。如果置自身头脸于不顾，反要紧紧护住臀部，显然是没有道理的。

（4）提顶 吊裆：此二者是上与下的关系。提顶，习者百会穴如有一线上提，神贯于顶。头顶上提，提纲挈领，领起全身。如此，则身体必然产生一种向上的"空"意；吊裆，"裆"指会阴穴。臀部前送，小腹有上翻之势，裆部悬吊，犹如井中汲水，水桶下吊。如此，则必然会产生一种沉于地下的"松"意。百会穴与会阴穴虚虚相应，一线贯串。上提下吊，顶悬身拔。头颈正直，不低不昂。上虚下实，空松俱备。立身中正，八面支撑。稳固扎实，圆活轻灵。另外，"吊裆"容易曲解为"提肛"，收缩肛门。查"提肛"一语，实为"提罡"的误解。罡，同"刚"。罡气，即刚气、刚风、罡风。这是道家的术语，《朱子全书·理气一》："问天有形质否？曰：只是个旋风，上软下坚，道家谓之刚风。"提罡，就是提刚气，罡气在会阴处。因此，提罡并不是"提肛"，使肛门紧缩。如果提肛，用以收缩肛门，则腹部肌肉必然紧张，便做不到"腹内松静气腾然"。

（5）松肩 沉肘：此二者是左与右的关系。涵胸前合，非用力向前，致使肩紧而僵，气上涌，劲上漂，重心不稳。肩部只有放松，沉静自然，才能柔顺得力，方有圆活之趣。沉肘，也记作"垂肘""坠肘"等，肘尖下沉如坠物，其中也讲究一个"松"。要防止抬肘过高导致耸肩，两肋空虚，也不可呈夹肘挟肩状，腋窝以能够间容一拳最为合度。

"郝和本"中没有出现这两条身法，"自藏本"曾经的持有者姚继祖先生在其所著《武氏太极拳全书》中收录有此身法,故笔者想当然地认为应该出自"自藏本"。但是,2019年10月7日,笔者参加钟振山先生收徒仪式期间,和现在的"自藏本"收藏者——李亦畬曾孙李旭藩聊天时,他肯定地说道:"'自藏本'也是八条身法,和'郝和本'一样。"钟振山也点头称是。笔者没有目睹过"自藏本",不敢轻下结论,记录于此,留待考证。

(6)腾挪 闪战:此二者是动与静、进与退的关系。"有动之意而未动,即预动之势,谓之腾挪。"(郝月如语)精神须内固,外示要安逸。静若处子,心静神专。看似平如止水,静如山岳,实则静中触动,暗流涌动。表面上平静稳健,于内则时时在变、要动、可动,蓄势而发,弓不离矢,箭欲出弦。"身、手、腰、腿相顺相随,一气呵成,向外发出,劲如发箭,迅若雷霆,一往无敌,谓之闪战。"(郝月如语)进退之术,攻防之道,犹如兵法,贵在神速。太极拳虽然是防守反击的艺术,但是防攻一体,攻防同步。进是进,寓进于守;退是退,退隐进机。处处是守势,时时可发劲。行工走架时,手如行云,足似流水,柔和舒缓。外形看似慢,内形变换快,转换在腰隙,所谓"曲中求直,蓄而后发"。发劲疾如电掣,或隐或现,收放自如。

## 小 结

补充介绍郝月如规范的三条身法:尾闾正中、气沉丹田、虚实分清。

练习太极拳首先要从"尾闾正中"练起。"尾闾"一词,原指古代传说中海水所归之处。语出《庄子·秋水》:"天下之水莫大于海,万川归之,不知何时止而不盈;尾闾泄之,不知何时已而不虚。""尾闾正中"之"尾闾"指尾骨、脊骨根。所谓"正中",即要求尾骨前送,使脊骨根与大椎骨有垂直于一条线之意,正对身、脸的中间——肚脐、鼻尖。即脊骨根、肚脐、鼻尖三点一线,一动俱动。因而,"尾间正中"切不可理解为两臂用力相等、左右身体用劲相同、双腿受力或施力均匀，而是如郝月如所指出的"两股有力，前虚后实，臀部前收，脊骨根向前托起丹田（小腹）"。如此，则身法中正而不偏不倚，无过无不及。所以，太极拳运动忌低头猫腰、前俯后仰、挺胸腆肚、左歪右扭、胡乱抖摆。它要求走架时，或进或退、左顾右盼共四正四斜八个方向，呈"米"字形。四正方时，要正身对正方；四斜方时，仍须正身对斜方，谓之：四正对四斜。忌侧身进退移形，观世界所有搏击术，如散打、泰拳、拳击、空手道、自由搏击、跆拳道等，无一不是正身对敌。身体中正要靠正确步法作保障，两足须呈斜向朝前的"不丁不八步"或叫作"丁八步"。忌两足平行，忌一横一竖丁字步，忌左右外撇呈八字脚，忌左右内扣呈外八字脚，忌两足摆放在一条直线上。移步换形，保持步走三角之势，轻灵而稳健。进退旋转，枢纽在于尾闾，如同船舶之"舵"，全身听命于此。尾闾之动，上系于头，所谓"尾闾正中神贯顶"；下关乎足，大椎、尾椎、后足跟，三点相对。左右肩、肘、臂、手、膝协调一致，此所谓：内动牵引外动，内形支配外形，即太极运动。因而，如果做到了"尾闾正中"，便已经将"提顶""吊裆"两种身法包含其中了。尾闾正中、提顶、吊裆是身体主线、主轴、主宰，其他身法如裹裆与护肫、松肩与沉肘、涵胸与拔背等便围绕这条主线展开。

"气沉丹田"之气，并非指人的自然呼吸之气。不要理解为将吸进来的空气导引至腹部，就叫作"气沉丹田"。要知道太极拳修炼不对人的自然呼吸进行有意识的调控约束，其实也无须控制。比如蓄劲而吸气，发劲而呼气，这种功能人的呼吸系统自会做到本能的、相应的选择，根本不需要人为调节控制。因而，太极拳倡导的"气沉丹田"与某些气功导引术有本质区别。它是尾闾正中、涵胸、护肫、松肩、吊裆等有形身法合乎法度，拳艺修炼达到一定水准，自然而然产生出来的一种难以言状的特殊气感，整个身体会散发出一种饱满的气势。谨记：太极拳不有意地调节人的自然呼吸，使之进入深呼吸运动状态。然而，当真正做到了气沉丹田的身法要求，人体重心自会下降，自然呼吸也会随之进入深呼吸状态，气顺条达，所谓"腹内松静气腾然"。

"虚实分清"，虚实即阴阳，二者互相对应。阴阳是立拳之本，它借用阳光向背的道理，向日为阳，体现于内劲便是虚；背日为阴，体现于内劲便是实。阴阳虚实无处不在，也就是说不仅仅两腿要分清虚实，其他各部位处处虚实分清。正如武公禹襄所言："虚实宜分清楚，一处自有一处虚实，处处总此一虚实。"太极拳艺中，在外、在前、在上等接近对方者是阳为虚；反之，则是阴为实。如此，对方接触到的永远是我之虚，而始终得不到我之实。然而，虚实分清，又不是简单意义上的非实即虚或非虚即实，而是虚非全然无力，要虚中有实；实非倾尽全力，要实中有虚。虚实相生，辩证而统一，否则，便会出现凹凸、缺陷、断续，使对手有机可乘。

总之，习练太极拳，身法最重要。先从尾闾正中练起，再求其他诸条一一合度。正所谓：

尾闾正中先求对，提顶吊裆一线串。

涵胸拔背紧相联，松肩沉肘静中探。

裹裆护肫认得清，阴阳虚实须断然。

气沉丹田固下盘，腾挪闪战箭离弦。

# 第四节 《刀法》[1]《枪法》[2]评注

## 一、《刀法》

里剪腕 外剪腕 挫腕 撩腕

## 二、《枪法》

平刺心窝　斜刺膀尖<sup>(3)</sup>　下刺脚面<sup>(4)</sup>　上刺锁项

**【评注】**

（1）《刀法》：太极拳刀法简洁、实用。进攻只用三种方式：剪、挫、撩。锁定的目标只有两个：左、右手腕。该刀法可以对练，状如推手。

（2）《枪法》：此枪法和明代名将何良臣设计的作用于军事作战的枪法相似。它的进攻方式只用一种：刺。锁定六个目标：心窝、左或右膀尖、左或右脚腕、咽喉。该枪法亦可以对练，形同推手。

（3）膀尖：指锁骨与肩胛骨相连的脆弱肩窝处。

（4）脚面：此处指脚腕。

## 小　结

"郝和本"无"刀法""枪法"或"杆法"套路记载，"剑法"更没有提及。然而，《李氏太极拳谱》记述有《十三刀》《十三杆》套路。郝为真传系传人中也练习《十三刀》《十三杆》《十三剑》套路。比如东北郝式传系太极拳所传承的"剑法"，以及郝为真玄孙郝平顺记录的剑法套路名称、顺序，和今日之"杨式太极剑"基本相同。由此可证：杨露禅、武禹襄传系太极拳本为一套，原为一家。

太极拳器械是拳架练习的补充与加强，无论刀、剑、杆，其练习方法与拳架的要求特点相同，正所谓器械实为自身手臂之延长。总体而言，太极拳器械练习的方针是：防守反击，顺势柔化；势势相连，环环相扣；轻沉兼备，自然流畅。但是，不同的器械又都突出自身特点。所谓刀呈虎势，重在威武；剑如灵蛇，重在灵巧；杆似游龙，重在速锐。

　　清代，历代政府禁止民间练武，所以民间武术的发展是在高压中夹缝求生，而且披上了封建迷信的外衣。而太极拳是个极其特殊的例外，这主要基于它与传统文化的紧密结合和没有任何迷信宗教色彩。再加上行工走架的柔和舒缓、儒雅端庄，从而使太极拳成为清政府默许推广的一个拳种。比如太极拳的"杆法"就是一种创举。枪，是一种兵刃、武器，在民间是不允许公开训练的。去掉枪头、枪缨，易名曰"杆"，就不是利器了。再加上练法上又进行了一些改良，遂蜕变成太极拳套路中的独门器械。因而，太极拳能够在清代盛行，和武禹襄、李亦畲等文人的参与是密不可分的。

## 第五节　《十三势[1]：一名长拳[2]，一名十三势》评注

　　长拳者，如长江大海，滔滔不绝也。十三势者，掤[3]、捋[4]、挤[5]、按[6]、採[7]、挒[8]、肘[9]、靠[10]，进、退、顾、盼、定[11]也。掤、捋、挤、按，即坎、离、震、兑，四正方也；採、挒、肘、靠，即乾、坤、艮、巽，四斜角也。此八卦[12]也。进步、退步、左顾、右盼、中定，即金、木、水、火、土也。此五行[13]也。合而言之，曰"十三势"。

【评注】

　　（1）十三势：既是拳术名称的简介，又是对该拳术十三种技法的高度概括。而且，它是"太极拳"名称出现之前的书面称谓。由此可知：杨露禅、武禹襄创拳时期，尚无"太极拳"称谓，武禹襄书面记作

"十三势"或者"长拳"。有人可能会提出质疑：如果"太极拳"曾经叫作"十三势"，那么，陈家沟也有"十三势"之名，难道陈家沟的"十三势"就不是太极拳的早期称谓吗？陈鑫是"陈家沟太极拳"最早的理论创建者，他在《陈氏太极拳图说》中解释道："太极拳分为十三节，俗名十三势，带闰月以象十三月。"表示一套拳由十三组来回动作组成，"十三折，亦即十三摺也。一来一往，都为十三折也"。两者相互比较，虽然都有"十三势"，但内涵不同，所谓"同名不同意"。

（2）长拳：在民国之前并非指一门叫作"长拳"的拳种，而是指一类拳术。旧时将拳术分为两类：长拳、短打。长拳，一般指北方的拳种，以腿法见长，如少林拳、花拳、查拳、六合拳、戳脚、翻子拳、红拳等；短打，一般指南方的拳种，以拳法见长，如洪拳、咏春拳等。因此，该文中"十三势，一名长拳……"准确而言，应解释为："十三势"是属于"长拳"类的一个拳种。

（3）掤：原读"bīng"音，指箭筒的盖子。太极拳技法中则读作"péng"音。掤，是太极拳中所特有的最基本、最主要的劲法，称为"太极拳之母劲"，有"无处不掤""掤劲不丢"之说。掤劲，源自戚继光《纪效新书》中卷十《长兵短用说》中的枪法。其中如"我掤退救护拿枪""掤退枪救护"等之语。太极拳将由内向外、向上旋转之力称为"掤劲"。它是一种由内向外的弹性力，劲含体内，犹如周身充气一般。

（4）挒：查无此字。太极拳的特有技法用字。有人认为意同"捋"，有人认为出自八母枪法中的"掳势"。说法不一，存疑待考。在太极拳中，顺对方来势向侧、向后旋动牵引，称为"挒"。

（5）挤：用手或臂向对方贴近由内而外推挤，使其失去运化的外推之力称为"挤"。

（6）按：向前、向下旋动推按之力，称为"按"。

（7）採：用手掌按住对方手臂向斜下方沉采，称为"採"。

（8）挒：将对方来力转化还施于其身称为"挒"，挒劲是向外横推或者横採的用力方式。

（9）肘：以肘击人，主要体现在用肘尖沉带对方的牵引之力。

（10）靠：用肩背外侧击人，称为"靠"。虽然分为八种劲法，然而在实际运用时又不是孤立存在的，常常使用复合劲法。比如所谓的"掤劲不丢"，是因为其他劲法都有"掤劲"在里面。

（11）进、退、顾、盼、定：指太极拳五种步法。无论前进、后退、左顾、右盼，都要保持中定，立身中正，不偏不倚，身法不可丢。

（12）（13）八卦、五行：我国古代哲学中的术语。在太极拳学中，"八卦"和"五行"其实与"十三势"即"太极拳"不存在必然的本质联系，它只是借用了"五行""八卦"的躯壳，没有多大实际意义。离开了"五行""八卦"，太极拳理亦然。因而，没有必要苦苦探究"五行""八卦"中的学问。如果一意如此，极易将太极拳学诱入"五行""八卦"的迷魂阵中。

## 小　结

由杨露禅、武禹襄研创的"绵拳"或称"十三势"，即太极拳，有别于之前的所有拳种，凭借"以柔克刚"的崭新技击理念惊艳武林。它以掤、捋、挤、按、採、挒、肘、靠等独特的技法特征，行拳走架的柔和舒缓、儒雅端庄，征服了大清时期的上流社会人士，从而风靡京师。太极拳，与其说是一种武技、一项体育运动项目，毋宁说是一种文化现象。它不仅提出了一个新的技击理念，道出了中国人对技击对抗的理解，而且已经远远超出一门搏击技艺的范畴，成为展示中国传统文化、中华文明的载体。拓展开来，当我们面对战争、冲突、外交、贸易、纠纷、谈判、人际、挫折等各种各样的矛盾时，是不是可以借鉴"太极拳理念"去解决呢？从这个意义上讲，太极拳绝非仅仅为了较一拳一脚之短长、一跌一扑之高下。因而，纯技术、技艺化的"太极拳"是有违创始者杨露禅、武禹襄等人的初衷的。这是当代太极拳继承者、研究者所需要关注和反思的。

# 第六节　《十三势行工歌诀》评注

十三总势莫轻识，命意源头在腰隙；
变转虚实须留意，气遍身躯不稍痴[1]。
静中触动动犹静，因敌变化是神奇；
势势存心揆用意，得来不觉费工夫[2]。
刻刻留心在腰间，腹内松静气腾然；
尾闾正中神贯顶，满身轻利顶头悬[3]。
仔细留心向推求，屈伸开合听自由；
入门引路须口授，工用无息法自休[4]。
若言体用何为准，意气君来骨肉臣；
详推用意终何在？益寿延年不老春[5]。
歌兮歌兮百四十，字字真切义无疑；
若不向此推求去，枉费工夫遗叹惜！

【评注】

（1）十三总势莫轻识，命意源头在腰隙；变转虚实须留意，气遍身躯不稍痴：所谓"腰隙"，指尾椎骨。痴，有的拳谱写作"迟"等。迟，慢的意思，和"气遍身躯"意义不相符合。痴，即呆。"不稍痴"，不能有一点呆相，才能引出李亦畬之言，"举手不可有呆相"。

当此时，"气遍身躯"，精、气、神三者兼备。此句主要强调"腰隙"的重要性。修炼"十三势"，以内动牵引外动为要，即以腰、尾闾的潜转带动肢体协同而动。腰，是发力的源泉，好像指挥机关，因而有"腰"为司命之说。肢体随同"腰"而动，好像从属部队，一切听命于"腰"。这就"好像是一个大人挽着四个小孩走路，走到哪里小孩总是牵在大人手里。"（郝少如语）所以，歌诀中反复强调"腰"的作用。所谓"命意源头在腰隙""刻刻留心在腰间"。

（2）静中触动动犹静，因敌变化是神奇；势势存心揆用意，得来不觉费工夫：是，有的拳谱写作"示"。示，展示、表示。强调"神奇"的效果。是，强调"因敌变化"的技法。随人所动，所谓"随屈就伸""人刚我柔谓之走，我顺人背谓之粘"。亦如李亦畬所说，"先以心使身，从人不从己。后身能从心，由己仍是从人。由己则滞，从人则活"。此句重点在"因敌变化""舍己从人"，因人而动。太极拳"视动犹静，视静犹动""彼不动，己不动"。己不动，并非静止僵呆，要有预动之势，有动之意而未动，所谓"腾挪"是也。动，非乱动、妄动，动中有"静"之意。舍己从人，随人而动，周身一家。

（3）刻刻留心在腰间，腹内松静气腾然；尾闾正中神贯顶，满身轻利顶头悬：尾闾正中，有的拳论写作"尾闾中正"。中正，中平端正，上下竖正，不可谓不对。但是，"正中"更能切中要义。特别强调"尾闾"如何"得中"，怎样"运动"。郝月如指出："两股用力，臀部前收，脊骨根向前托起丹田（小腹），谓之尾闾正中。""习太极拳者必先求'尾闾正中'。正中者，脊骨根对脸之中间也。迈左步，左胯微向左上抽，用右胯托起左胯；迈右步，右胯微向右上抽，用左胯托起右胯。则尾闾自然正中。能正中，则能八面支撑；能八面支撑，则能旋转自如，无不得力。"吴文翰先生进一步解释道："尾骨、鼻准、肚脐三点上下保持一线，一动三点皆动。"这句歌诀再次突出"腰"的重要性，以及"腰"和"顶"，即"神贯顶""顶头悬"的上下呼应关系。

"尾闾正中"和"神贯顶""顶头悬"是一致的、同步的，不能有此无彼。尾闾正中，是为了稳固下盘；神贯顶、顶头悬，即"身法"中的"提顶"，是为了周身俱要轻灵。只重视稳定性，失于圆活；只追求轻飘，失于稳健。唯有轻灵而不失稳健，稳健中寓有轻灵，才是"阴阳相济"，才能"懂劲"，方为太极拳。

（4）仔细留心向推求，屈伸开合听自由；入门引路须口授，工用无息法自休：此句主要说明口授心传、"功用无息"的重要性，只有明师引路，勤学苦练，才可以得到太极拳真谛。"功用无息法自休"一语，在许多著述转抄过程中一般写成"工用无息法自修"。如此，并无大错。但是，原谱中的"休"字别有内涵。太极拳艺的修炼有明规矩、合规矩、脱规矩，由"着熟而渐悟懂劲，有懂劲而阶及神明"的阶段或过程。达于"神明"境地，习练者举手投足，挥洒自如。说有即有，说来即来。处处合乎法度规矩，故而才会"法自休"。一个"休"字，极尽妙趣！作者写作手法的高超精妙溢于字外。

（5）若言体用何为准，意气君来骨肉臣；详推用意终何在？益寿延年不老春："意气"为君，"骨肉"为臣，所谓"君为臣纲"。不乱动、不妄动，"意气"驱使"骨肉"，意识引导肢体而动。最主要的是，此句歌诀旗帜鲜明地指出修炼太极拳的最终目标就是追求"益寿延年"，身心双修，涵养品德。看来，斤斤计较拳脚之高低并非创拳者之目的。

## 小　结

《十三势行工歌诀》是"十三势"，即太极拳修炼的法则、宗旨和目的，是《十三势》一文的延续和补充。强调太极拳在不失技击的前提下，更重视健身养生的功能，追求"益寿延年不老春"的境界。这是诞生于广府的"十三势"有别于同期或早期其他拳种的重要特征之一。

常言道："生命在于运动。"运动使人充满活力，精彩生命。但只要是运动，总会对身体的各个脏腑器官和组织造成或多或少的损害，运动量、运动强度越大，受损越严重，这无疑会减缓人的寿命。所以，还要知道另外一句话："寿命在于静止。"少动、不妄动、静功等，能够尽可能少地对身体各个脏腑器官和组织造成伤害，这实际上是起到了延长人寿命的作用。可这样几乎静止的人生是不现实的，更别说它的乏味和暮气沉沉。太极拳，恰恰就是在"运动"和"静止"、"精彩生命"和"延长寿命"之间找到了一个可能是最佳的契合点。它的柔和舒缓、行云流水般的运动方式，既锻炼了身体，又掌握了技击技能，还尽可能少地减缓对身体的伤害。三者融合，高度统一，这可能是世界上其他任何一种运动方式所无法比拟的。因此，太极拳才被赞誉为是中国人奉献给世界的"第五大发明"。

## 第七节 《打手要言》评注

### 一、《打手要言》原文

解曰：以心行气，务沈著，乃能收敛入骨，所谓"命意源头在腰隙"也。意气须换得灵，乃有圆活之趣，所谓"变转虚实须留意"也。立身中正安舒，支撑八面。行气如九曲珠，无微不到，所谓"气遍身躯不稍痴"也。发劲须沈著松静，专注一方。所谓"静中触动动犹静"也。往复须有折叠，进退须有转换。所谓"因敌变化是神奇"也。曲中求直，蓄而后发，所谓"势势存心揆用意，刻刻留心在腰间"也。精神提得起，则无迟重之虞，所谓"腹内松静气腾然"也。虚领顶劲，气沈丹田，不偏不倚，所谓"尾闾正中神贯顶，满身轻利顶头悬"也。以气运身，务顺遂，乃能便利从心，所谓"屈伸开合听自由"也。心为令，气为旗，神为主帅，身为驱使，所谓"意气君来骨肉臣"也。

解曰：身虽动，心贵静，气须敛，神宜舒。心为令，气为旗，神为主帅，身为驱使，刻刻留意，方有所得。先在心，后在身，在身则不知手之舞之，足之蹈之，所谓一气呵成。舍己从人，引进落空，四两拨千斤也。须知一动无有不动，一静无有不静。视动犹静，视静犹动。内固精神，外示安逸。须要从人，不要由己。从人则活，由己则滞。尚气者无力，养气者纯刚。彼不动，己不动；彼微动，己先动。以己依人，务要知己，乃能随转随接；以己粘人，必须知人，乃能不后不先。精神能提得起，则无迟重之虞；粘依能跟得灵，方见落空之妙。往复须分阴阳，进退须有转合。机由己发，力从人借。发劲须上下相随，乃一往无敌。立身须中正不偏，能八面支撑。静如山岳，动若江河。迈步如临渊，运劲如抽丝。蓄劲如张弓，发劲如放箭。行气如九曲珠，无微不到；运劲如百炼钢，何坚不摧。形如抟兔之鹘，神如捕鼠之猫。曲中求直，蓄而后发。收即是放，连而不断。极柔软，然后极坚刚；能粘依，然后能灵活。气以直养而无害，劲以曲蓄而有余。渐至物来顺应，是亦知止能得矣。

又曰：先在心，后在身。腹松，气敛入骨，神舒体静，刻刻存心。切记：一动无有不动，一静无有不静。视静犹动，视动犹静。动牵往来气贴背，敛入脊骨，要静。内固精神，外示安逸。迈步如猫行，运劲如抽丝。全身意在蓄神，不在气，在气则滞。有气者无力，无气者纯刚。气如车轮，腰如车轴。

又曰：彼不动，己不动；彼微动，己先动。似松非松，将展未展，劲断意不断。

又曰：每一动，惟手先著力，随即松开，犹须贯串，不外起承转合。始而意动，继而劲动，转接要一线串成。气宜鼓荡，神宜内敛。无使有缺陷处，无使有凹凸处，无使有断续处。其根在脚，发于腿，主宰于腰，形于手指。由脚而腿而腰，总须完整一气。向前退后，乃得机得势。有不得机势处，身便散乱，必至偏倚，其病必于腰腿求之，上下、前后、左右皆然。凡此皆是意，不是外面。有上即有下，有前即有后，有左即有右。如意要向上，即寓下意。若物将掀起，而加以挫之之力，斯其根自断，乃坏之速而无疑。虚实宜分清楚，一处自有一处虚实，处处总此一虚实。周身节节贯串，勿令丝毫间断。

禹襄武氏并识

## 二、《打手要言》[1]评注

解曰：以心行气，务沈著[2]，乃能收敛入骨，所谓"命意源头在腰隙"也。意气须换得灵，乃有圆活之趣，所谓"变转虚实须留意"也。立身中正安舒，支撑八面。行气如九曲珠[3]，无微不到，所谓"气遍身躯不稍痴"也。发劲须沈著松静，专注一方，所谓"静中触动动犹静"也。往复须有折叠，进退须有转换，所谓"因敌变化是神奇"也。曲中求直，蓄而后发，所谓"势势存心揆用意，刻刻留心在腰间"也。精神提得起，则无迟重之虞[4]，所谓"腹内松静气腾然"也。虚领顶劲，气沈丹田，不偏不倚，所谓"尾闾正中神贯顶，满身轻利顶头悬"也。以气运身，务顺遂，乃能便利从心，所谓"屈伸开合听自由"也。心为令，气为旗，神为主帅，身为驱使，所谓"意气君来骨肉臣"也。

【评注】

（1）《打手要言》：武公禹襄重要论述之一，是《太极拳论》的姊妹篇。但是，它和《太极拳论》的行文风格有着明显的区别。即该要言并非一篇完整的文章，而是许多"要言"的集锦。该文大致分为两大部分，前两个自然段是第一部分，其后为第二部分。

（2）沈著：著，同"着"。沈著，即"沉着"。下同。

（3）九曲珠：是一种珠孔曲折难通的宝物。相传古代有九曲珠的人，穿之不得，孔子教以涂脂于线，使蚂蚁通之，所谓"蚁串（或穿）九曲珠"。又，明董斯张《广博物志》卷三七引《小说》载："孔子得九曲珠，欲穿不得。遇二女，教以涂脂于线，使蚁通焉。"此处用"九曲珠"来比喻行气、行工的状态，所谓气遍身躯，无微不到。每一势法、一举一动如同气球一般圆活饱满而轻灵。

（4）虞：担忧、忧虑。

《打手要言》的第一部分是对《十三势行工歌诀》的说明，故不做多解。

解曰：身虽动，心贵静，气须敛，神宜舒。心为令，气为旗，神为主帅，身为驱使，刻刻留意，方有所得[1]。先在心，后在身，在身，则不知手之舞之，足之蹈之，所谓一气呵成[2]。舍己从人[3]，引进落空，四两拨千斤也。须知一动无有不动，一静无有不静[4]。视动犹静，视静犹动。内固精神，外示安逸[5]。须要从人，不要由己。从人则活，由己则滞[6]。尚气者无力，养气者纯刚[7]。彼不动，己不动；彼微动，己先动[8]。以己依人，务要知己，乃能随转随接；以己粘人，必须知人，乃能不后不先。精神能提得起，则无迟重之虞；粘依能跟得灵，方见落空之妙。往复须分阴阳，进退须有转合。机由己发，力从人借。发劲须上下相随，乃一往无敌。立身须中正不偏，能八面支撑[9]。静如山岳，动若江河[10]。迈步如临渊，运劲如抽丝[11]。蓄劲如张弓，发劲似放箭。行气如九曲珠，无微不到；运劲如百炼刚，何坚不摧。形如抟兔之鹘[12]，神如捕鼠之猫。曲中求直，蓄而后发[13]。收即是放，连而不断。极柔软，然后极坚刚；能粘依，然后能灵活。气以直养而无害[14]，劲以曲蓄而有余。渐至物来顺应，是亦知止能得矣。

【评注】

（1）身虽动……方有所得：此语后被李亦畬先生提炼成《五字诀》，即心静、身灵、气敛、劲整、神聚，并作出了经典论述，故无须赘言。

（2）先在心……所谓一起呵成：所谓"不知手之舞之，足之蹈之"，语出卜商《毛诗序》："情动于中而行之于言。言之不足，故嗟叹之。嗟叹之不足，故永歌之。永歌之不足，不知手之舞之，足之蹈之。"不知手之舞之，足之蹈之，就是形容到了忘我的境界，所谓"从心所欲"。心，其实是指人的意识。即用意识支配行动，内动指挥外动，内形支配外形，即太极（拳）运动，其最高境界就是"神明"阶段。正如郝少如先生在《引进落空，借力打人》一文中所写："若到此境界，则无所谓内外，无所谓不对，一举动则无不恰合法度，形神皆忘。左重则左虚，右重则右杳，触之则旋转自如，无不得心应手。如响斯应，疾如电掣。'引进落空，借力打人'则无不随心所欲矣。"

（3）舍己从人：不可简单地理解为"舍弃自己，一味从人"。"舍己从人"在太极拳中有特定含义。对此，郝月如的阐释十分到位。他在《舍己从人》一文中写道：

"太极拳有舍己从人之术，挨何处，何处灵活。假使挨手，手腕灵活；挨肘，肘能灵活；挨胸，胸能灵活，周身处处如此。又，挨手意在肘，挨肘意在肩，挨肩意在胸，挨胸意在腰，挨腰意在股。以此推之，如粘连黏随，不丢不顶，引进落空，借力打人，皆此意也。"

（4）一动无有不动，一静无有不静：亦即"动则俱动，静则俱静"。动，上下协调，周身一家，力合一处，劲聚一方；静，上下一致，内外相合，形神合一，静中触动，一触即发。动，不乱动、不妄动，动中有静意；静，非静若止水，死水一潭，静中有预动之势。所谓"视静犹动，视动犹静"。

（5）内固精神，外示安逸：说的是内在的"精神"和外在的"气势"之间的关系。对此郝少如先生有极为精彩的论述，谨摘录于此，与读者分享。他写道：

"精神须支撑气势，反过来气势又须包围精神。这样，气势能达于腾然，精神便不致外露，乃能内固精神而外示安逸。精神为刚，气势为柔。柔中寓刚，便能达于柔而有物，刚则不露，乃劲富有弹性。"

由此可知，怒目圆睁，表情丰富，外形夸张，震脚跺足，惊弹抖炸，浑身乱颤，哼哈做声等不是太极拳所为。请读者慎之慎之！

（6）从人则活，由己则滞：《太极拳论》中写道："人刚我柔谓之走，我顺人背谓之粘。动急则急应，动缓则缓随，虽变化万端而理唯一贯。"此处所指一贯之理，便是"从人"，即不丢不顶、粘连黏随。从人，指不与对手发生正面交锋，不硬接硬拦，不硬顶硬撞，而是采用"走""随"的策略。走，不是躲开、躲闪，而是顺势借力，进行走化，或称消化对方进攻的势头，求达"我顺人背"；随，也是从人，但非盲从，要有目的。如此，才能灵活多变，运转自如。由己，心中早有盘算，招法预先设定。不管不顾对手，你打你的，我来我的。这样，往往与对手产生直接顶撞，也容易受制于人。根本谈不上灵活，其结果必然会"滞"。十六字箴言，其意似乎已然，但是，个中还另有深意。李亦畬《五字诀》"身灵"一节写道："二曰身灵。身滞则进退不能自如，故要身灵。举手不可有呆相，彼之力方挨我皮毛，我之意已入彼骨里。两手支撑，一气贯穿，左重则左虚而右已去，右重则右虚而左已去。气如车轮，周身俱要相随。有不相随处，身便散乱，便不得力，其病于腰腿求之。先以心使身，从人不从己，后身能从心，由己仍是从人。由己则滞，从人则活。能从人，手上便有分寸，秤彼劲之大小，分厘不错；权彼劲之长短，毫发无差。前进后退，处处恰合，工弥久而技弥精矣。"郝月如先生也反复强调"从人"与"由己"之间的关系，他写道："切记不可用力，不可尚气，不可顶，不可丢。须要从人，仍是由己。得机得势，方能随手奏效。"（引自《太极拳走架与打手》）"欲要知己知彼，则先舍己从人，不要由己。从人则活，由己则滞。而从人仍是由己。"（引自《引进落空，借力打人》）既然"须要从人，不要由己"，又说"由己仍是从人""从人仍是由己"，这之间看似矛盾，其实是一致的。太极拳，既名"太极"，就没有绝对的非此即彼，"从人"与"由己"之间也一样。试想：如果完完全全地从人，一切不由自主，这叫作"我背人顺"，让别人牵着鼻子走，反为对手所制，陷自身于被动的境地。因此，必须做到"从人仍是为了由己。""由己"，并非闭关自守，真正意义的"由己"，必须先探准对方意图，我因人制宜、因势利导，彼"微挨皮毛不让打着，借其力，趁其势，四面八方何处顺，即向何处打之。"（郝月如语录）这其间，"由己"之中又有"从人"的技巧。总之，"从人"是表象，实际上仍是"由己"。而且，"从人"的要点是"从近不从远"，此为不二法门。

具体到一次防守反击的过程，"从人"与"由己"的从属关系，武禹襄总结为另一句"要言"，即"机由己发，力从人借。"力从人借，接手既须借力，一定以"从人"为主，否则失之于"顶"；机由己发，化发为出击，一定以"由己"为主，否则失之于"丢"。因而，从人，必须以"由己"为基础，身法不可散乱，自身要稳固；由己，必须以"从人"为前提，须顺势而为，万不可逆势而动。此中窍要，需要多悟多练，以求"身知"。郝月如先生在《舍己从人》一文中，对"从人"的具体操作过程论述甚详，他写道："太极拳有舍己从人之术，挨何处，何处灵活。假使挨手，手腕灵活；挨肘，肘能灵活；挨胸，胸能灵活。周身处处如此。（志英按：侧重点在于'从人'）又，挨手意在肘，挨肘意在肩，挨肩意在胸，挨胸意在腰，挨腰意在股。以此推之，如粘连黏随，不丢不顶，引进落空，借力打人，皆此意也。"（志英按：侧重点在于"由己"）

（7）尚气者无力，养气者纯刚：其后还有类似的语句，写道："全身意在蓄神，不在气，在气则滞。有气者无力，无气者纯刚。气如车轮，腰如车轴。"此处总计31个字，却一连用了5个"气"字，以强调习拳者应该如何对待"气"。关于"气"，是学习武公《打手要言》的一个难点，同时又是重点。《打手要言》中关于"气"的语句达23处。太极拳学中的"气"多指"气势"，是一种体验、一种感受，是习练者行工走架或推手时所呈现出来的一种态势。它形于外，发于内。气势的大小取决于内在功夫深浅，它是衡量太极拳技艺水平高低的一个鲜明标志。所以，练习太极拳必须从追求"气势"入手。"气势"的境界要饱满圆融，要无缺陷，无凹凸，无断续，这就需要一种持久不懈的支撑。什么来支撑？精神支撑八面。所谓气势包围精神，精神支撑气势。二者互为依存，不可或缺。精神的支撑以腰为中心，设想撑起一个包围周身的圆，所谓：气如车轮，腰如车轴，气势鼓荡。然而，单求鼓荡，气势无限放大，便走向另一个极端——张扬、气冲斗牛。所以气宜鼓荡的同时，又须内敛，不可放纵无度；神宜内敛的同时，又须舒展，不可缩敛局促，缩手缩脚。神、气要收放得当，张弛有度，无过无不及。

具体到上面提到的31字语录，"气"包括两层含义。该节要言由三句话组成，表达三层意思，且意义相连，层层深入。第一句话，很明显武公要求修炼者的注意力应放在"蓄神"之上。所谓"蓄神"，即李亦畬《五字诀》之第五诀"神聚"——聚精会神，全神贯注。"紧要全在胸中腰间运化，不在外面""不在气"，这里的"气"指自然呼吸之气，意思为不要有意识地控制自然呼吸。因为如此，其结果必然要"滞"。怎样"滞"呢？第二句话便用"有气"和"无气"进行对比来进一步阐释。"有气"或者"尚气"，即控制呼吸，会造成憋气、鼓气、努气等错误现象，使用力出现断续，而且劲力难以聚合于一处，故会"无力"。反之，则会"无气者纯刚"。刚，在内，所谓：内刚外柔。接下来的第三句话，武公用"车轮"运转作比喻，来形象描述"内刚外柔"。车轮的滚动源自于车轴的内动，车轴旋转发力引带车轮转动。车轴在内，是发力的源泉，为实、为刚，起主导作用；车轮在外，随车轴而旋转，为虚、为柔，起辅助作用。此谓"气如车轮，腰如车轴"。这里的"气"已不再指自然呼吸的气，而另有它意，指气势。郝月如先生有句名言："太极拳不在样式而在气势，不在外面而在内。"所谓气势，指习拳者行工走架或推手时所呈现出来的一种态势，它形于外，发于内，是行工者由内而外所生发出来的一种感觉和形态。太极拳学要求做到：气势包围精神，精神支撑气势。这就如同车轮与车轴的关系一样。具体到修炼者本身，车轴指腰脊，也就是脊骨根。所谓：腰脊为第一主宰，肢体如同车轮。腰脊，即脊骨根的内在潜转带动外在肢体运动，这就是太极拳学中的"内动牵引外动"，正所谓"气如车轮，腰如车轴"

（8）彼不动，己不动；彼微动，己先动：这是武公禹襄规范的太极拳最基本的技击方针——防守反击，后发先至。其实，在其他拳术中也有类似的语句，一般多写作"彼不动，己不动；彼先动，我才动"。武公则改为"彼微动，己先动"，要求上提高了一个层次。但是，既然对方已经"微动"，就是说已经先动了，"我"还怎么会"先动"呢？在其后的论述中，武公禹襄用一个精彩的比喻道出了其中的天机，他写道：

"物将掀起而加以挫之之力，斯其根自断，乃坏之速而无疑。"

从物理学角度而言，这是杠杆学原理在技击对抗中的体现。即不与对手直接顶撞，而是采取迂回的策略，用"挫之之力"，躲开劲头，断其劲根，从而做到后发而先至。此所谓"彼微动，己先动"。

（9）立身须中正不偏，能八面支撑：此句是对《太极拳论》中"不偏不倚"的进一步说明。"不偏不倚"，即"立身中正不偏"。所谓"脊梁与尾闾宜垂直而不偏"。何能八面支撑？郝少如的解释十分详尽且通俗易懂，他指出：

"一站立，即意识到身前身后各有一尺的放长。当然，左右也是如此。自己置身是在十字中心，同样再加上一个十字交叉在一起，自身则在八个头的中心，这是八面支撑的起源。""并且是八不依靠，既在中心，又要正中，不偏不倚。这八个头是长短相等的，中心是以腰为中心计算。如果是正方向改为斜方向时，并不是把正方向搬运到斜方向，而是从正改斜时身体不要转动，只要意动即可。以斜改正时也是如此。在八个头中以一条线为主，其他七条为辅。一条放长，七条同时放长。前进（放）时一起跟上，后退（收）时由一条和七条同时收聚在一起，这样，就没有前冲俯、后倒仰之弊。"郝先生又以"左懒扎衣"为例，作了进一步说明："在一头向东南方前进时，要一同跟上七个头，向西南方时也同样跟上七个头。亦即在一个开大时，七个也开大。退后是收，是以后背为主，带头收，任何一条离腰远了都不对。八面支撑缺一不可，很多东西从阴阳中产生。再说后退是收，要以后腿为主。又如向东南进一丈，东南要听西北收回它一丈，不可收回（下）九尺，这叫作'一动无有不动'，也叫前进后退都不顶不丢。""八面支撑有四正四斜八个方向，四正不可占据四斜，四斜也不可占据四正。各行其道，不能彼此交替，或把身体搬来搬去。比如，从正面打向斜角时，正面仍然存在，不可把正面搬到斜角去，也不可把斜角搬到正面去的。""八面的中心是以腰为主，为出发点。八条线只有一条线为主，其余七条线为辅，一条放长时其他七条也相应放长。放长是'开'、是'呼'，如一条线收短，则其他七条也收短。收短是'聚'、是'吸'，但是辅线的七条不可为主。'聚'，是聚在一起，聚在腰里（命门为主）。"

（10）静如山岳，动若江河：这里的"动"和"静"是相对而言，因为太极拳运动没有绝对的静止而阴阳不分，它是一门在运动中寻找平衡的技击艺术。所以，这里的"静"不是简单意义上的动作的停止、停歇、停顿，而是行工走架中"内动"和"外动"的关系。动若江河，是气势，形于外；静如山岳，是精神，心之静。正所谓动中必须心静，动中有静，一举动才能不慌不忙。另外，外形之动是依人，内在之变是由己。外，听命于内，故外动依人随即转化为内动制人，化被动为主动，转换于内，转换在于一瞬间，转换只在不知不觉中。

（11）迈步如临渊，运劲如抽丝：迈步如临渊，不是有什么"临渊步"，而是指迈步须小心谨慎，全神贯注，刻刻留心，周身才能相顺相随。稍不留心，身必散乱，便不得力，就被人乘，反而为人所制，如同跌入深渊，身不由己，故要"迈步如临渊"；运劲如抽丝，不是什么"抽丝劲"。什么是"抽丝"呢？所谓"抽丝"，是从北方农村纺纱织布这一劳动过程中引发而来。旧时妇女用纺车纺线，右手摇动纺车，左手轻捏棉絮，使棉线从棉花中徐徐抽出，并缠绕在锭子上。抽丝纺线的动作要轻柔，用力、速度都须均匀、恰到好处，双手配合要协调，否则，就会断线。武禹襄就是从这一劳动过程中悟出了太极拳的运劲特征，用"运劲如抽丝"作比喻，用以形象描述运劲的过程，要无过无不及、不温不火、恰如其分，如同抽丝一般均匀、柔和而舒缓。

另，迈步如临渊，见于《诗经》中的一句话："如临深渊，恐坠也；如履薄冰，恐陷也。"以此来比喻小心谨慎的样子。

（12）抟兔之鹄："抟"，繁体字写作"摶"，和"搏"极易混淆。抟，音读"tuán"，"团弄"的意思。"鹄"，音读hú，指天鹅。"自藏本"写作"鹘"，音读hú，隼的旧称，一种猛禽。因此，此处"鹄"为通假字，同"鹘"。"鹘"翱翔于天空，机警地寻觅猎物，发现一只野兔。于是，锁定目标，盘旋、俯冲，一击中"兔"。该句用"鹘"来"抟"兔比喻太极拳高手与人打手时的形象，"抟"字用得十分传神。那种举重若轻、飘逸洒脱的打手神态跃然纸上。如果换成"搏"字，鹘与兔子进行肉搏战，则相形见拙，难见其妙了。加之这其间不免夹杂着几许血腥成分，显非太极拳家之所为。

（13）曲中求直，蓄而后发：曲，弯曲；直，呈直线的。二者互为反义词。弯曲中求直线，似乎不可理解。"蓄而后发"：蓄，积蓄；发，发射、发出。先积蓄力量，然后出击。这一点通俗易懂，不做多解。重点谈谈"曲中求直"。从太极拳技术角度来讲,"曲中求直":曲,是防守,用以化解对方的进攻;直,是还击,用以直击对手薄弱的环节。与"蓄而后发"联系起来,曲,与"蓄"相对应,表示"蓄"的状态与目的。曲蓄,是防守的艺术;直,与"发"相照应,表明"发"的形式与手段。直发,是还击的技术。"曲中求直"的攻防原理,受古代射箭技艺的启发。弓是弯曲的,箭矢离弦是直线(相对的直线)而出。张弓射箭之时,张弓为积蓄力量,在积蓄劲力。当然,射箭就如同发劲了。此所谓"蓄劲如张弓,发劲如放箭"。曲蓄,如同张弓,用以化解并借对手进攻的力量,为我所用;直发,视对手如搭弓之箭,出击干脆利索,如同放箭。所以,太极拳有"我为弓,人为箭"和"身备五弓"之说。关于"身备五弓",郝少如解释道:

练习太极拳"一身须具备五张弓,才能做到蓄劲如张弓,发劲如放箭。劲以曲蓄而有余,周身之劲在于整,发劲要专注一方,须认定准点,做到有的放矢。"

身备五弓,要求太极拳修炼者根据人的生理特征,将整个身体看成有五张弓来组成。躯干为主弓,占主导地位,起引领作用;上肢、下肢为四张辅弓,受主弓的支配。所以,行工走架时,上、下肢切忌伸直,要保持一定的弯曲度,所谓:曲蓄而有余。同侧的手与肩、足与胯要有相系相吸之意,如同弓的蓄张。以身弓为引领,以内形腰眼的潜转,带辅弓协同而动,求达周身之劲完整一气。一弓蓄,其余四弓无不曲蓄;一弓发,其余四弓无有不发。五张弓须合如一弓,劲合一处,切不可散。蓄弓,为了引化对方进攻之势,以曲蓄张弓的原理化解吸进对方之势。此时,对手必然失控,如坠深渊,人为我制,使对手变成我的一部分,如呈张弓搭箭之势。当此时而发箭,对手应声而出,如箭离弦,如子弹出膛。正所谓:曲中求直,蓄而后发。由此可知,太极拳走架推手时,身不可挺。昂首挺胸不是太极拳的身法要求,它体现出来的是在遵循自然生长规律的前提下,对身体各部位进行符合技击养生之道的更进一步的优化组合。总之，太极拳行工走架要如同气球，无凹无凸，圆满无缺。气势饱满，而神意内敛。贵在藏锋，含而不露。拳势动作不可张扬、不可散乱，气势不可散漫。

众所周知，太极拳走架要求圆活，一举一动，处处求圆，处处划弧，环环相绕，或大圆，或小圆，或平圆，或立圆，或斜圆，或划弧，其目的就是练习曲蓄化发对手的技巧。至于在行工走架时，如何具体做到身备五弓，郝少如先生阐述道：

"习者平时行工走架时，要以腰脊为中心，并以中心为界——自腰脊往上，要做到拔背的身法要求。由腰脊向下要用脊骨根托起丹田（小腹），达到吊裆的身法要求。同时，锁项与丹田要有相系相吸之意，犹如装上弓弦一般，而作为弓把的腰脊，则必须敛气。这样，就能使主弓产生内聚之劲，宛如一张富于弹性的弓，通过蓄劲运动而产生放箭的效果。（志英按：故武禹襄要求'势势存心揆用意，刻刻留心在腰间。'）主弓在蓄发时，切莫弯腰、驼背。作为弓把的腰脊位置绝不能后移，腰脊后移，势必失去其中心地位，形成'偏沉'（志英按：郝先生再次提到'偏沉'是练习太极拳的弊病），以致既无法敛气，又不能发挥其主宰作用。相反地，腰脊要有向前移动之意（本是腰脊的内在运动，而非指腹部挺出），才能位居中心（志英按：这就是所谓的'尾闾正中'），行使其全身之主宰的权力，产生张弓放箭的功效。'蓄劲如张弓，发劲如放箭'旨在用意，而不是在于用形。张弓是以意代形，是求其内劲而非求其形，在内而不在外。"

（14）气以直养而无害：源自孟子提出的"养气"说。《孟子·公孙丑上》中指出："我养吾浩然之气。"太极拳不是气功，切勿刻意追求所谓的"逆腹式呼吸"等，要"直养"其气，顺其自然而呼吸。

又曰：先在心，后在身。腹松，气敛入骨，神舒体静，刻刻存心。切记：一动无有不动，一静无有不静。视静犹动，视动犹静，动牵往来气贴背[1]，敛入脊骨，要静。内固精神，外示安逸。迈步如猫行[2]，运劲如抽丝。全身意在蓄神，不在气，在气在滞。有气者无力，无气者纯刚。气如车轮，腰如车轴。

又曰：彼不动，己不动；彼微动，己先动。似松非松，将展未展，劲断意不断。

【评注】

（1）动牵往来气贴背："气贴脊背"原是佛道两家追求的至高境界，秘而不宣，具体如何操作运用几乎不见记载。武公禹襄虽然将它记录于拳理之中，也未将具体练法诉诸于文字，只在门内口授心传。第一位将其练法公之于众的是郝少如。20世纪60年代，郝少如先生受聘于上海市体育宫举办太极拳培训班时，讲到了太极拳中的"气贴背"。现记录与此，供爱好者研究揣摩。这是他的弟子卞锦旗根据其师讲课笔记整理的"气贴背"练法。郝少如讲道：

"如何理解'气贴背'。任何动作，包括蓄而后发，背上都不能丝毫使劲。如一使劲背板僵硬了气便下不去，气下不去，劲便沉不下。所以做任何动作，特别是发劲一刹那，务必背肌要放松，用意将两背下插两肋下达腰。背呈鼓面（有涵胸相衬）而不是穹背，没有背包袱弊病，使劲能下沉集中，这是劲整的第一条件。"又说："'气贴背'是武禹襄先生规范的'身法'之外的另一条重要身法，不可等闲视之。"

（2）迈步如猫行：以猫的行走来比喻太极拳举步要轻捷、轻灵。切勿简单地理解为太极拳有什么"猫步"或"猫行步"，去模仿小猫的举动。

又曰：每一动，惟手先著力，随即松开，犹须贯串，不外起承转合[1]。始而意动，既而劲动，转接要一线串成。气宜鼓荡，神宜内敛，无使有缺陷处，无使有凹凸处，无使有断续处[2]。其根在脚，发于腿，主宰于腰，形于手指，由脚而腿而腰，总须完整一气。向前退后，乃得机得势。有不得机势处，身便散乱，必至偏倚，其病必于腰腿求之，上下、前后、左右皆然。凡此皆是意，不是外面。有上即有下，有前即有后，有左即有右。如意要向上，即寓下意。若物将掀起，而加以挫之之力，斯其根自断，乃坏之速而无疑<sup>(3)</sup>。虚实宜分清楚，一处自有一处虚实，处处总此一虚实<sup>(4)</sup>。周身节节贯串，勿令丝毫间断。

禹襄武氏并识<sup>(5)</sup>

## 【评注】

（1）起承转合：源于文人赋诗的术语，后又用于八股文的创作。武禹襄将其用于太极拳中，成为太极拳训练的新程式，别有一番文人气息。起承转合，有时亦写作"起承开合"，用以表述"引化拿发"技巧或过程。太极拳"每一动，惟手先着力"。"着力"是"意动"，此即"起"；"既而劲动""劲动"即身动，身动须要"松开"，此即"承"；"尤须贯串""贯串""转接要一线串成"，此即"开合"。何为"一线串成"？"其根在脚，发于腿，主宰于腰，形于手指。由腿而腿而腰，总须完整一气"。此所谓"一动无有不动，一静无有不静"。

（2）无使有缺陷处，无使有凹凸处，无使有断续处：这是武禹襄制定的太极拳行工走架基本原则，是直观上对太极拳的评判标准。

所谓"无使有缺陷处"，是要求行工走架不能忽高忽低（下势、跳跃动作除外），要始终保持在一个水平线上。正如郝少如所言："打拳时不可时起时伏，时升时降，像波浪形。必须保持一定的高低水平线，还要保持空、松。"杨澄甫写得更加具体："故练时举步之高低，伸手之疾徐，运动之轻重，进退之伸缩，气息之宏细，顾盼之左右上下，腰顶背腹之俯仰，须知各有常度。不可忽高忽低，忽疾忽徐，忽轻忽重，忽伸忽缩，忽宏忽细，忽左右上下俯仰之不匀也。"

所谓"无使有凹凸处",指的是肢体运动要把握一个度,将自身设定为一个球体。两腿(也包括两臂)曲蓄而有余,做到无过不及。每招每式、一举一动处处求圆,圆满、圆润、鼓荡。

所谓"无使有断续处",指的是势与势之间要相连不断。上一势的结束,即下一势的开始。势与势之间要衔接自然,细腻熨帖。"如长江大海,滔滔不绝也"。用我们广府老拳师的话来讲,叫作"严丝合缝,不露痕迹"。杨澄甫先生强调"自始至终,绵绵不断,周而复始,循环无穷",即此意也。

因此,笔者将太极拳运动称为"三无运动",即无缺陷、无凹凸、无断续。正如郝月如先生所言:太极拳行工走架"如同气球,前进不凸,后退不凹,左转不缺,右转不陷,变化万端,绝无断续,一气呵成,无外无内,形神皆忘,乃能进于精微矣。"

(3)若物将掀起而加以挫之之力,斯其根自断,乃坏之速而无疑:此语是用一个精彩的比喻来形象描述如何做到"彼不动,己不动;彼微动,己先动",后发而先至的。对方欲要进攻,我"于彼劲将出未发之际,我劲已接入彼劲,恰好不后不先。"(李亦畬语)此时,所谓"接入彼劲"必须不与彼劲直接顶抗,而是利用杠杆原理"而加以挫之之力",从而断其劲根。如此,方可后发而先至,以小力胜大力。

有的拳谱在记录这句拳论时写成"若将物掀起,而加以挫之之力,则其根自断……"原文中的"物将掀起"写成了"将物掀起",两字之变,艺理顿反,所谓"差之毫厘,谬之千里"。"物将掀起"是"指彼""从人",是借力打人的防守反击艺术;"将物掀起"是"言己""由己",是用我力打人的主动攻击技术。前者,武公采取的是后发先至的防守反击策略,"彼不动,己不动;彼微动,己先动",后者则选择主动出击,以力相抗,如此则太极拳"以巧制拙""借力打人""牵动四两拨千斤"的妙境就荡然无存,显非太极拳所为。

(4)虚实宜分清楚,一处自有一处虚实,处处总此一虚实:这是武禹襄制定的太极拳运动基本原理，是本质上对太极拳的界定准则。简言之，练习太极拳必须分清虚实，如果虚实不分就不是太极拳。《太极拳论》开篇写道："太极者，无极而生，阴阳之母也。"结尾又强调说："阳不离阴，阴不离阳，阴阳相济，方为懂劲。"很显然，该论借用了周敦颐《太极图说》中的"阴阳"之理，所谓"阴阳一太极也"来作为练习拳术的指南。到了武禹襄的《打手要言》中，"阴阳"就更加具体化了，它体现在内劲上叫作"虚实"。武禹襄的仲兄武汝清在《结论》一文中指出："夫拳名太极者，阴阳虚实也。""阴阳"体现于太极拳学中指的就是——虚实。"阴阳相济，方为懂劲"，懂劲，才是太极拳。阴阳，在太极拳中指的是"虚实"。那就是说，懂得了"虚实"，就掌握了太极拳的奥妙。虚实，其他拳种亦有类似之说，也讲究阴阳、虚实，比如，指上打下、指前打后、指左打右等招数也是虚虚实实。但是，太极拳对"虚实"有着特定的要求或者称特殊的安排，这就是武禹襄所概括的："虚实宜分清楚，一处自有一处虚实，处处总此一虚实。"此语包括三层含义，并且层层递进，步步深入。

①虚实宜分清楚。太极拳学借鉴哲学中的"太极"之理，对自身劲力、实力进行重新整合，对进攻、防守的战术策略包括节奏等进行重新部署。郝少如先生在《什么是太极拳的阴阳》一文中所述："太极拳艺的奥妙就在于：无论势法怎样变化，自己阴的方面始终不暴露给对方，使对方只能接触我的阳方，而得不到我的阴方。这恰如日光的向背道理一样，阴面始终不会被日光照到。阴阳体现在内劲的含义上，又称为'虚实'。阴便是实，实便是阴；阳便是虚，虚便是阳。要使对方始终只能接触我之虚，而得不到我之实。以虚实体现太极拳艺的奥妙，能使人不知我，我独知人，达到人为我制、我不为人制的妙境。太极拳运用阴阳的无穷变化为制人的方法，使拳艺奥妙无穷。不知阴阳，便不知太极。"向日为阳，阳面在外，太极拳学中要求在外者为虚，这叫作"示之以虚"；背日为阴，阴面在内，太极拳学中要求在内者为实，这

叫作"藏实于内"。此所谓"内实外虚"。阴阳虚实，相互依存，对立而统一。那么，为什么要"内实外虚"呢？郝少如先生接着进行了精辟的论述，他指出："虚便是阳，实即是阴。阴不离阳，阳不离阴，阴阳相济，乃能以虚实制人。切记：须以己之虚去探彼之实，勿要用己之实而使彼知己。因敌变化须走内劲而不可露形迹，劲由内换而使人莫测。彼只能挨我之虚，即挨皮毛，而得不到我之实，无从得力也。此所谓'人不知我，我独知人'。以虚实制人，人为我制，而我不为人制，乃能一往无敌，斯是太极拳之妙也。"怎样做到内实外虚呢？这就涉及如何运用劲力的问题。太极拳学要求内动牵引外动，以腰隙的潜转带动肢体协同而动，所谓"命意源头在腰隙"。腰隙，为发劲之源，肢体听命于"腰隙"的指挥，这就是所谓的内动牵引外动，内实而外虚。好似轮轴，"轴"的内动牵发轮子整体旋转，所谓"气如车轮，腰如车轴"。又如航船，前进后退，左右转向，受"舵"的引领。所以，太极拳运动要求做到"以腰领劲"。注意：以腰领劲，绝不能像搬动箱子似地让整个身体搬来挪去，而要如同球体、轮轴一样灵活旋动。

郝月如将"虚实分清"增补为练习太极拳的一条身法准则，并以两腿为例作出如下注释，他写道："何谓虚实分清？曰：两腿虚实必须分清。虚非全然无力，着地实点要有腾挪之势。腾挪者，即虚脚与胸有相吸相系之意，否则便成偏沉。实非全然占煞，精神贯于实股，支柱全身，要有上提之意。如虚实不分，便成双重。"

②一处自有一处虚实。从上文引用的郝月如先生语录中，可知"虚实分清"并非简单意义上的非实即虚，或者非虚即实，而是虚中有实，实中有虚。所以呢，肢体外在的虚动、被牵动也要有实的成分在里面，即肢体也要分清虚实。身体由肌肉、骨骼两部分组成，肌肉包裹着骨骼。按照阴阳虚实的原理，太极拳行工走架必须遵循这样的原则：肌肉在外、为虚，要"松"，松沉入地，肌肉有离开骨骼而向下脱落的感觉；骨骼在内、为实，有支撑的气势，要做到"空"，漂浮如气球，骨

骼有向上升腾的意识。这就是老一辈广府太极拳家所说的"骨肉脱离法"。如此，一上一下，空松兼备，虚实相间，互相作用，轻灵而沉稳，如同"棉里裹铁"（杨澄甫语），气势饱满，正所谓"一处自有一处虚实"。

③处处总此一虚实。指的是身体各部位都要有虚实之分，都是内实而外虚。例如，四肢，上肢为虚，下肢为实。两腿呢，一般在前者为虚，后者为实；如果左腿为实或者虚，那么右腿则为虚或者实。同时，两臂与一条虚腿要有包围一条实腿之意，这在太极拳学中叫作"三虚包一实"。两只手，在上或在前者为虚，在下或者在后者为实。如果左手为实或者虚，那么右手则为虚或者实。每一足也分虚实，前脚掌触地要虚，足跟踏地为实；足外侧要虚，内侧为实。所以，太极拳走架打手前后左右移动时，必须以脚跟为轴而动。每只手五指要虚虚分开，掌根须坐实；掌外侧为虚，内侧为实。所以，出掌时要由内而外旋转向前……如此，则周身处处分阴阳，处处有虚实。

譬如"搬揽捶"，先搬、揽，而后以捶击人。此时所打出之拳，劲力尽出，如同箭矢离弦，又似炮弹出膛。当此时，自己的"实"似已外露，其实不然。太极拳行工走架，从表象上看是"我"：个体的、一己行为，实则是两个人："我"和无形的对手在较技。正所谓"无人则当若有人，有人则当若无人。走架即是打手，打手即是走架。两者理惟一贯。"（郝少如语录。'打手'是旧称，现名'推手'）走架，是和无形的对手在推手；推手，是和有形的对手在走架。然而，推手或走架并非双方互不侵犯的各自做着运动。太极拳是一项近身防守反击技术，是以"引化拿发"（郝月如语录）为手段，讲究"借力打人"的搏击艺术。因此，御敌于外不是太极拳所为，如此，则根本无法实现"借力打人"的技巧。必须先"引化"，后"拿发"。要首先将对手引入我的包围圈，使之进入我的势力范围，转化成"我"的一部分，这是"引化"的技术，是实施反击的前提和保障。与此同时，还要消化掉对手的进攻势头，使对手处于失重状态，从而为我所控制，而后予以回击，这是"拿发"的技术。由此可知，"发"的前提一定要建立在"引、化、拿"的基础之上，这才是真正意义上的"借力打人"。此时，"我"与对手不再是两个人，已经融为了一体。对手在外，变成了"我"的组成部分，形成一个"大我"。此时，"大我"中的我在内，为实；"大我"中的彼在外，为虚。因此，太极拳所有势法，当然包括"搬揽捶"，都是在运用"引化拿发"技巧，都是在设法"吸进"对手之劲，然后"呼放"出去，还施予彼身，以求达"借力打人"。此所谓：我是弓，人为箭。所以，太极拳发人之时仍然是"内实外虚"。

（5）识：音读"zhì"。书面语，即"记"，记载的意思。

## 小　结

《打手要言》和《太极拳论》在体裁上的最大区别在于，它并非一篇完整意义的文章，而是由许多结论性、概括性极强的语句或段落汇编成文，故名《打手要言》。它分为两个部分：

第一部分，为第1、2自然段。它是对《十三势行工歌诀》的阐释与说明，不作多解。

其后为第二部分。这是作者辑录的打手实践、切身体会，是对《太极拳论》进行深入细致的解读，可谓字字珠玑，句句经典，妙笔生花，文采飞扬，堪为《太极拳论》的姊妹篇。《打手要言》立意深远，言简意赅，流畅自然，气势磅礴。"知己知彼"的战略方针，"舍己从人，引进落空，四两拨千斤"的技击原则，"彼不动，己不动；彼微动，己先动"的战术策略，"物将掀起而加以挫之之力，斯其根自断，乃坏之速而无疑"的技术要领，"物来顺应"、左右逢源、"八面支撑""立身中正安舒""气宜直养而无害"的具体要求。动与静、虚与实、攻与防、收与放、内与外、上与下、左与右等辩证关系，无不充盈着中国传统儒学文化和谐、圆融的思想和营养。

## 第八节 《打手歌》[1]评注

掤捋挤按须认真，上下相随人难进[2]。
任他巨力来打我，牵动四两拨千斤[3]。
引进落空合即出，粘连黏随不丢顶[4]。

【评注】

（1）《打手歌》：作者为武禹襄。

（2）掤捋挤按须认真，上下相随人难进：歌诀首句直奔主题，"掤捋挤按"代指太极拳十三种基本技法："掤、捋、挤、按、採、挒、肘、靠、进、退、顾、盼、定，这一点习练太极拳者大都明白，不再赘述。关键看下半句中的"上下相随"该如何把握。所谓"上下相随"，更具体一些，就是指"外三合"：手与足合，肘与膝合，肩与胯合，这是练习太极拳必须要做到的。所谓"手与足合"，即手、足的举动要合拍、一致。手动足相随，手进足跟进，手退足后撤；足动手相随，足进手跟进，足退手后撤。这叫作"手牵足，足领手，手足并进退"。所谓"肘与膝合"，即肘、膝的动作要合拍、一致。肘动膝相随，肘抬领起膝，肘走膝跟进；膝动肘相随，膝提顶起肘，膝走肘跟进。这叫作"肘带膝，膝引肘，肘膝并上下"。所谓"肩与胯合"，即肩、胯的动作要合拍、一体。肩动胯相随，肩转胯也转；胯动肩相随，胯转肩也转。肩胯同位同体，犹如旋动之门，一同开合。如此，才能立身中正，才能八面支撑；如此，才能一动无有不动，一静无有不静；如此，才能劲合一处，力聚一方。正如武禹襄在《打手要言》中所言："发劲须上下相随，乃一往无敌；立身须中正不偏，能八面支撑。"有诗为证：

手足如相连，肘膝有线牵。

肩胯是扇门，三合驻心间。

总之，该句歌诀的大意就是：认真学习太极拳的"掤捋挤按"等基本技法，不仅了然于心，更要熟练掌握。再做到"上下相随"，那么对手就很难对我实施有效的进攻了。

（3）任他巨力来打我，牵动四两拨千斤：这句歌诀讲的是太极拳防守反击的过程。太极拳是一门讲究防守反击的技击艺术，所以我预先做好"人难进"防守策略的前提是要大胆地放纵对手来攻，正所谓"任他巨力来打我"，紧接着就是实施反击的手段或者策略，即"牵动四两拨千斤"。对于这一点，很多人往往忽视或者忽略了"牵动"一词，从而断章取义地曲解为：用我的"四两"去拨走对手的"千斤"。这显然是一厢情愿的、脱离实际的臆想，在实践中是做不到的。在这句歌诀中"牵动"的究竟是什么呢？"牵动"的是对手的"四两"，而不是自己。所以，"四两"也好，"千斤"也罢，都指对手的来力。它用比喻的手法来描述我方如何化解发放对手，我牵动对手"四两"劲头，拨走对手"千斤"劲腹，打对手于失重后的如同强弩之末的"劲尾"。此时，对方"千斤"之力已然走空，化为乌有，因而此时的我必然还是"以有力打无力"。这才是"牵动四两拨千斤"的真正含义，这才是所谓的"借力打人"的太极拳技巧，这才是所谓的集中我之劲力打对手最薄弱的环节。因此，绝对的"以小打大"是不可能实现的。这一点学者不可不明。

杨澄甫曾用"牵牛鼻子"之喻来描述"牵动四两拨千斤"，读者可以细细体悟。他写道："'四两拨千斤者'，就是用四两的一条绳子，去牵动一头千斤的牛。倘若你将绳子系在牛角上、牛腿上或牛尾巴上，纵使你用千斤力也拉不动四两的绳子。倘使将绳子系在牛鼻子上，你只要轻轻一牵，牛就跟着你来。而且，这头牛还必须是活的，死牛不行，石牛、铁牛、铜牛也不行。"

（4）引进落空合即出，粘连黏随不丢顶：该句歌诀的前半句先对上句作进一步说明，因为"引进落空"其实就是"牵动四两拨千斤"应该呈现的结果，即将对手进攻势头化解，使之落空而失控。与此同时，我劲随之跟进而发放，对手必然应声而出，这就是"合即出"。请注意一点，这里的"合"，讲的是彼劲"落空"之时，便是我劲"即出"之机，即彼劲的"落空"和我劲的"即出"要"两劲相合"。这种"合即出"的机会稍纵即逝，如果把握不住，二者就不能相合、无法同步，也就无从发放对手。写到这里，作者笔锋顺势一转，要做到这一点还得以"粘连黏随不丢顶"作为保障。所谓"粘连黏随"，实则是对《太极拳论》中"人刚我柔为之走，我顺人背谓之粘"之"粘"的技艺的进一步阐明，它是用糨糊粘物来形象描述太极拳的这种独有技法。粘，两者连在一起不分开，即我和对手不脱离。连，连接，以示"粘"的结果，故称"粘连"；黏，和对手接触而不发生冲撞、顶撞，要相顺相随。随，跟随，以示"黏"的形式，故称"黏随"。粘连，叫作"不丢"；黏随，称为"不顶"。然而，"粘连"时易犯"顶"的毛病，比如，两力相交如角抵，也是"粘连"，故还要"黏随"。"随"时易"丢"，和对手发生分离。所以，必须粘黏相顾，即"粘连黏随不丢顶"。只有这样，只有和对手粘连黏随、不丢不顶，才能捕捉到机会去"牵动四两拨千斤"。

## 小　结

《打手歌》，顾名思义，就是讲的打手之道。该歌诀紧扣《打手要言》主旨，总结出应变之规。"上下相随""牵动四两拨千斤""引进落空""粘连黏随""不丢不顶"成为太极拳学最具代表性的专业术语、专有技法。

太极拳欲要打手，首先须熟练掌握"掤捋挤按"等基本技法，走架打手上下相随，周身一家。其次必须熟练运用"粘连黏随"基本技巧，才能引进落空，借力打人，"牵动四两拨千斤"。至此，三句歌诀已然道尽了太极拳打手的奥妙，已经将打手的方法、目的、结果写得清清楚楚了，已然没有再写下去的必要。可是，遗憾或者说瑕疵也恰恰在此。如果按照古人赋诗必须符合"起承转合"的节律，这首歌诀显然缺少了"合"。且看该歌诀起句破题，颔联顺势而出承接自然，颈联顺势转折，却唯独少了"合"。这是为什么呢？笔者大胆揣测这可能连当时的作者武禹襄也始料未及，不知如何收笔。若非如此，武公怎么会给后人留下这样一首不完整的歌诀呢？时过境迁，一百多年过去了。在此期间，后辈传人中不乏有试图补充完整者，但是——总给人以一种牵强附会的感觉，显得画蛇添足。笔者以为，既然该表述的已经表述，就没有必要再做徒劳之举。这正如断臂之维纳斯，不妨将《打手歌》也看成太极拳学中一首残缺的经典歌诀！

## 第九节　《四字不传密诀》评注

敷[1]：敷者，运气于己身，敷布彼劲之上，使不得动也；
盖[2]：盖者，以气盖彼来处也；
对[3]：对者，以气对彼来处，认定准头而去也；
吞[4]：吞者，以气全吞而入于化也。

此四字无形无声，非懂劲后，练到极精地位者不能知，全是以气言。能直养其气而无害，始能施于四体，四体不言而喻矣。

【评注】

（1）敷：原意指铺开、搭上。此处有将对方包围之意，如同在伤患处敷药，也如张网捕鱼，要将所捕的鱼儿收拢进网中。

（2）盖：原意指蒙上，由上而下地遮掩。此处有控制之意，如同搽药时，要均匀严实，无疏漏，无积液。疏漏，失之于"丢"；存在积液，失之于"顶"。使对手犹如推按到一个气势充盈的球体上似的，按则柔而不弱，随时有滑脱如临深渊之感，收或退时则有滚滚而至，沉浑厚实的气势逼迫而来。

（3）对：原意指二者彼此相向，使之配合或接触。此处之"对"，则要秤准彼劲的大小方向，与之对接，牵引出彼力，为我所用。就如将对方拿住吞下似的，变为自身的一部分，此间已经含有了"吞"字。

（4）吞：并吞或吞没。此处"盖"和"对"是"敷"的程度，"吞"是敷的必然结果。所以，只要和对方接手，就必须有抛开对手存在，将对手变成自身一部分的意识和气势。即从战略上藐视对手，诱敌深入，形成合围之势，为我所控制。要知道，舍己从人是表象，从人终是在由己。

## 小　结

武禹襄所言之"敷盖对吞"是修炼太极拳推手所追求的最高境界，从理论上讲分四个字，分四步走，实则没有明显的分水岭，是一个整体，只一个"敷"或者"吞"。与彼一搭手，必须粘连黏随，就要敷盖对吞，环环相套，丝丝入扣。如果，这样是"敷"，接着再"盖"，然后去"对"，最后要"吞"，就谬之千里了。所以，"敷盖对吞"可以浓缩为一个特殊意义的"吞"字。话说回来，单一个"吞"很难确切表述其中奥妙，武禹襄便分层次化解为"敷、盖、对、吞"，用以细致说明"吞"的方法与过程。彼力被吞化，则失去重心，完全为我控制，此时发放，定会一击中的。所以，"吞"之后，必然还要"吐"。吐，即发。正如接传篮球，接时不可迎球硬拿，要巧妙地顺其势，稳稳地控住来球，然后乘势将球传出。这其实就是一个"敷—盖—对—吞—吐"

的回还往复的过程。"吐"是"吞"之后水到渠成的结果，做到了"敷盖对吞"，"吐"便呼之欲出了。武禹襄先生有意识地隐去"吐"字，正说明他推崇太极拳"制人而不伤人"的宗旨。很明显，"敷盖对吞"就是"人不知我，我独知人"的"人为我制"。尽管武公没有明言要"吐"，但此时已然箭在弦上，将对手拿定引而待发了。

《永年李氏家藏太极拳秘谱全集》卷五第八节，收录有李启轩的《"敷"字诀解》，该解对"敷"作了更进一步的说明：

"敷，所谓一言以蔽之。人有不习此技而获闻此诀者，无心而白有余。始而不解，及详味之，乃知敷者，包围周匝，人不知我，我独知人。气虽尚在自己骨里，而意却在彼皮里膜外之间，所谓气未到而意已吞也。妙绝！妙绝！"

"粘连黏随""敷盖对吞""擎引松放"称为太极拳推手三部曲。相对而言，"粘连黏随""擎引松放"的理法、技术容易理解、掌握，"敷盖对吞"的境界几乎无人可及。因而，我们只能从理论层面作一些探讨。要想深入了解个中奥妙，必须弄清楚以下三个问题。

（1）这是对推手或散手高级阶段的指导。对太极拳技术没有很深的造诣、对拳理拳法没有深入的研究，对此肯定无从理解。

（2）武禹襄在百余字中，句句言"气"，达6次之多，可见对"气"的正确认识的必要性、重要性。太极拳之气是一种状态，跟外家拳硬气功等所言之"气"有本质区别。这种"气"是太极拳尾闾正中、涵胸、护肫、松肩、吊裆等身法合乎法度之后的"空松圆活"、周身如同气球似的一种体验。所谓"运气于己身"，不是憋出之气，不是导引之气，而是研习者劲整势圆、气势饱满、周身一家、感觉不到肌肉存在的一种难以言状的球体运动感受。如果有正确方法引导，当拳术修炼到一定境界时，对"气"会有豁然开朗的体验。如果对太极拳之"气"缺乏准确认识，就无从理解敷、盖、对、吞。

（3）推手或散手，包括走架到底用不用力。郝为真曾做过形象具体的比喻来解惑释疑，他指出：

"将火柴盒放置于桌面，一指按其上，让火柴盒随指于桌面旋转。若力大，则盒被按紧，不能随指而移动；力小，则指盒易脱离，亦不能随指而移动；力恰到火候，才能指盒如黏在一起，于桌面任意旋转。"

一言以蔽之，"敷盖对吞"就是讲的太极拳吞吐之道、技击之理。吞吐贵在"吞"，"吞"无疑是"吐"的前提。是否"吐"，如何"吐"，"吐"得干脆与否，由个人因素来决定。所以，笔者以为武禹襄是在有意回避，他要考验后来者如何对待这背后的"吐"。

武禹襄是太极拳历史上有据可查、真实存在的第一位理论大家，以上所介绍的他的著述不仅有套路，如《十三势架》《刀法》《枪法》，而且有行工指南，如《身法》《打手歌》《打手要言》《十三势行功歌诀》《四字不传密诀》等，构成较为系统的太极拳理论体系。更难能可贵的是武公拳论写得文采飞扬，读来气势磅礴，这在整个武术界都是极其罕见的。因而，武公被称为太极拳理论体系的奠基人。

## 第十节 《太极拳小序》评注

### 一、《太极拳小序》原文

太极拳不知始自何人，其精微巧妙，王宗岳论详且尽矣。后传至河南陈家沟陈姓，神而明者，代不数人。我郡南关杨某，爱而往学焉。专心致志，十有余年，备极精巧。旋里后，示诸同好。母舅武禹襄见而好之，常与比校，伊不肯轻以授人，仅能得其大概。素闻豫省怀庆府赵堡镇有陈姓名清平者，精于是技。逾年，母舅因公赴豫省，过而访焉。研究月余，而精妙始得，神乎技矣。予自咸丰癸丑，时年二十余，始从母舅学习此技，口授指示，不遗余力。奈予质最鲁，廿（二十）余年来，仅得皮毛。窃意其中更有精巧，兹仅以所得笔之于后，名曰《五字诀》，以识不忘所学云。

光绪辛巳中秋念六日李亦畬谨识

## 二、《太极拳小序》评注

太极拳不知始自何人[1]，其精微巧妙，王宗岳论详且尽矣[2]。后传至河南陈家沟陈姓，神而明者，代不数人[3]。

【评注】

（1）太极拳不知始自何人：从字面上来看，这9个字要表达的意思似乎十分清楚，即该小序作者李亦畬不知道太极拳创自何人。换言之，李亦畬所处的19世纪80年代初，太极拳界不存在或者说还没有明晰的太极拳创始之说、源流之谈。由此推之，诸如陈王廷、王宗岳、张三丰等创拳说等应该出现于李亦畬时代之后。因为，如果有诸如此类的说辞，李公不可能写作"不知始自何人"。这就充分说明杨露禅、武禹襄包括陈长兴、陈清平等人都未对太极拳创始之说作出过任何明确解释。但是，事情的真相也许还有一种可能：李亦畬先生最终作出"太极拳不知始自何人"的结论，存在着失误。即李公当年很可能忽略了对"太极拳"概念的界定。后世，乃至当代，为什么对太极拳的源流仍然争论不休呢？同样是因为对"太极拳"概念模糊所致。吴文翰先生曾指出："没有规矩何以成方圆？如果今日太极拳史研究者仍无法界定什么是太极拳，拿不出科学的界定标准，太极拳起源的争论，难以作出一个较为妥当的结论。"诚然如此，凡事都不是凭空从天上掉下来的，都有一个不断"从此事物来，又向彼事物去"的演化过程。太极拳也概莫能外。因为它的演化，无论回顾过去还是展望未来，都有无限拓展的过程。所以，使用"发源""起源""创始"之类的概念，就必须首先对这一过程有精准的界定，确定是在那一个阶段谈论什么问题。因为只有这样，才可能确定这个概念在这一范围内是否适用。太极拳不可能闭门造车而平白无故地产生，必定是从其他拳种中发生蜕变而演化出来的新拳种，如同京剧的诞生一样。京剧主要脱胎于徽剧、汉调，但是京剧就是京剧，它既非徽剧，也非汉调。毫无疑问，京剧诞生于北京，绝不是安徽或者湖北。诚然如此，"新的"与"旧的"存在千丝万缕的联系，但这不等于"新的"就是"旧的"。新拳种由何人于何处改良创造，何处就是它的诞生地，那个人或者几个人就是创始者。太极拳应当也必然符合这一规律。遗憾的是，一百余年前的李亦畲先生可能没有考虑到这样一个事物演化规律，从而忽视了对太极拳的定性，草草作出了"太极拳不知始自何人"的结论，为日后的争论埋下了伏笔，使百余年来的研究者对此争论不休，难以达成共识。

依据笔者的直觉推断，这半句话很可能另有深意。李公对太极拳的创始者心知肚明，只是囿于种种原因而难以自白。因为《小序》接下来的叙述，在不断印证着笔者的"直觉推断"。如果说这半句话表述得有些隐晦，有故布谜团之嫌，那么，后半句话却写得如此清晰、明白！

（2）其精微巧妙，《王宗岳论》详且尽矣：其，指太极拳；《王宗岳论》即拳谱中的《山右王宗岳太极拳论》（下面简称《王论》）。这句话的意思是：太极拳的精微巧妙，《王论》论述得详细而全面了。换言之，《王论》就是衡量太极拳的准则、标尺。那么，符合《王论》的拳术是什么？那就是杨露禅、武禹襄共同研创的"绵拳""粘拳""十三势架"，它是有史料记载的太极拳最早的模式和形态。此前，以及同时期，还没有其他任何地方的任何人修炼这种以《王论》为指导原则的拳术。众所周知，理论是从实践中不断总结、提炼而产生的，它不可能出现于实践之前。所以《王论》首先出现的地方，与其相匹配的拳术应该已经相当成熟。如此，答案就有了。最早的符合《王论》的拳术就是广府的"十三势架"。这可以从武禹襄记述的《十三势架》《刀法》《枪法》《打手要言》《四字秘诀》《十三势释名》《十三势行工歌诀》《打手歌》中，找到可靠的、充足的证据。

从表象上看，这句话写得有些怪异，实则耐人寻味。试想，既然写"《王宗岳论》详且尽矣"，反过来又称"太极拳不知始自何人"，这不是自相矛盾吗？因而，此句"有些怪异"。而"《王宗岳论》详且尽矣"，个中之意显然对事不对人，重点在文章、在"论"，而不在作者、不在"王宗岳"。即强调这篇论文已将太极拳艺理阐述得淋漓尽致了，而非"王宗岳"把太极拳理法论述得"详且尽矣"。因而，此句"耐人寻味"。这其间，作者李亦畲知而不言、欲言又止的纠葛心理心态跃然纸上。读到这里，人们会很自然地想到，《王论》首先出自哪里呢？当然是"老三本"，就在李亦畲的太极拳谱中。李亦畲师从舅父学拳，当然得自于武公禹襄。此时，太极拳的创始之地不是不言自明了吗？

（3）后传至河南陈家沟陈姓，神而明者，代不数人：这句话笔锋陡转，写陈家沟太极拳有传。关键一个"后"字用得意味深长。李公态度鲜明：我虽然不知道太极拳始自那里，然而绝不在陈家沟。一个"后"字极尽心声。而且，此句语意双关。因为，当时的陈家沟不仅没有以"太极拳"命名的拳种，也没有《王论》传世，当然，更不可能存在以《王论》为立论依据的拳种。著名太极拳家顾留馨先生对陈家沟拳术颇有研究，他在《太极拳术》一书第396页清楚地写道："陈家沟当时确无王宗岳《太极拳论》的传播……"观陈家沟传至数代的拳术——炮捶，崇尚"刚中刚"，正如民国年间武术诗人杨季子一首诗中所言"缠丝劲势特钢强"。陈家沟炮捶具备很明显的形意拳、心意拳特点：以进攻为主，侧身练习，一步一拳，一步一打。这与广府杨露禅、武禹襄所推崇的"柔和舒缓""以柔克刚"、正身对敌、稳固防守、后发制人，不讲究主动进攻的"绵拳""十三势"迥然有异。即便到了今天，陈家沟拳早已对原来的"炮捶"进行了大刀阔斧的改造，从而变成了"陈氏太极拳"，但是仍然和《王论》不相吻合，和杨、武、吴、孙式太极拳之间反差依然很大。并且，陈氏所推崇的"河图洛书""缠丝劲法"以及赵堡拳的"背丝扣"等理论，在《王论》、武禹襄、李亦畬、杨澄甫、吴鉴泉、孙禄堂、陈微明、郑曼青等人的拳论中找不到一丝一毫的痕迹。写到此，从李公一波三折、别有韵味的语句里，其中的潜台词其实已然不言而喻了。如此委蛇、高超的写作技巧，如果不详加辨析，很难读出这背后的真意！

总之，以上两节李亦畬写得虚实相间，扑朔迷离。但仔细推敲，其义自现。以上为该序的第一部分。其后的第二部分则是作者亲眼所见和亲身体验、经历，没有演义、传奇成分，只是简洁、平实的记录。

我郡南关杨某[1]，爱而往学焉[2]。专心致志，十有余年，备极精巧[3]。

**【评注】**

（1）杨某：指杨露禅。按理说，杨露禅是李亦畬的长辈，李应该对杨抱着谦恭之态，他怎么会如此随意地用一个"杨某"呢？封建时代，等级制度森严。杨露禅，出身贫寒，是一位普普通通的老百姓；李亦畬，出身书香门第，是一位饱读经史之儒生。不同的出身，将他们分成两个阶层。杨露禅是下层百姓，住在广府城之外的南关；李亦畬是上流社会人士，家住广府城内西大街。因而，作为共同生活在广府的杨露禅和李亦畬，身份不同、等级不同，决定了礼仪之不等。尽管杨年长，长李一辈，但是在等级面前，这一点就忽略不计了。所以，在那个年代，李亦畬用一个轻描淡写的称谓"杨某"指代"杨露禅"是合情入理，很正常的。

（2）爱而往学焉：因为喜欢这种拳术便前往学习。这里没有提到跟谁学，为什么呢：说明跟谁学拳并不重要，重要的是因爱而前往学习了。仅此而已。

（3）专心致志，十有余年，备极精巧：这里的"十有余年"很笼统，很容易使人产生无穷的联想，浮想联翩杨露禅学拳的经历。其实，很简单，就是杨露禅一段普普通通的学拳历程，十多年间，利用工余闲暇，去陈家沟学习炮捶。去了多少次呢？没说，应该是不止一次；去了多长时间，没写，应该是每次去的不会太长。

该节是杨露禅去陈家沟学拳的最早文字记载，只有区区23个字。其中，只出现一个人物——杨某，杨露禅。1931年《永年县志稿》对这段经历进行了丰富，人物增加到三位，即杨露禅（学拳者）、陈德瑚（推荐人）、陈长兴（教拳者）。其中写道：杨露禅"经药行陈德瑚推荐，赴陈家沟学拳……陈（陈长兴）嘉其勤学，益指导之，杨心领神悟，其间凡三往，十有余年，备极精巧。"

《永年县志稿》较之《小序》更加具体细致，互相比照，二者没有明显相悖之处。然而，就是这段简简单单的学拳事件，在民间被渲染、炒作得离奇生动，一波三折。作家也加入其中，编写成传奇故事、演义小说，比如，宫白羽的小说《偷拳》等。当代又拍摄成电影、电视剧，从而使离奇的故事掩盖了事实的真相。历史本来就是杨露禅一段普普通通的学拳问艺经历，即他曾在十多年里不止一次去陈家沟从陈长兴学拳，而"备极精巧"。请注意：古文中的"凡三往"的"三"不是确指数字，而是指多次、数次的意思。今人往往望文生义，简单地理解为去了三次。更有富于幻想者，绘声绘色地编造出"三下陈家沟"，一去六年，前后十八年的动人故事来……

另外，还要清楚：杨露禅学习的肯定不会是李公表述的"太极拳"，确切而言是陈家沟的"炮捶陈家"数代传袭的炮捶术。当然，炮捶术肯定和流传在广府的诸多拳种有别，从而吸引杨露禅千里迢迢拜师学艺。

旋里[1]后，示诸同好[2]。母舅武禹襄见而好之[3]，常与比校[4]，伊不肯轻易授人，仅能得其大概[5]。

## 【评注】

（1）旋里：旋，返回；里，家乡。

（2）示诸同好：诸，"之于"的合音。在此，"之"指太极拳，意为将太极拳展示给同好。

（3）母舅武禹襄见而好之：好，喜爱。此处透露出两条人物关系的信息：李亦畬和武禹襄是甥舅关系，此其一；武禹襄和杨露禅是"同好"，此其二。

（4）常于比校：常，经常；比，比较；校：音读jiào，订正，校对的意思。

请注意："比校"两个字，并非"比较"。一字之别，意义不同。校，即校对之意。"同好"杨露禅和武禹襄在"比"什么，"校"什么呢？所谓"比较"是就若干事物辨别异同或高下；所谓"校对"，在核对是否符合标准。杨、武二公"常与比校"的内容是什么呢？当然会较量拳艺，但是他们更多的是在将多种拳术，比如，流传于广府的大红拳、小红拳、二郎拳、梅花拳、形意拳、六合拳、劈挂拳、八极拳等，还有陈家沟和赵堡镇的炮锤，进行取舍、比对、融会贯通，然后进行再创造，研究新型拳术——"十三势"的"比校"过程。这才是二公"比校"的确切内涵，绝非简单意义上的两人之间的武艺比拼和较量。

再次强调一下，杨露禅和武禹襄之间是"常与比校"的"同好"、武友，不存在师徒关系。武禹襄出身书香门第、富贵之家，其家族位列广平府"武、范、窦、黎"四大望族之首，是上流社会人士；杨露禅，一介贫民，以种地捕鱼、打短工、卖煤土来养家糊口，没有进过书馆私塾，没有接受系统的传统文化教育。森严的等级观念将他们分割成两个阶层，在"重文轻武"的封建时代，武禹襄练武已经有悖常理，他绝不会冒天下之大不韪而做出拜师穷人之举。再者，小序作者李亦畬信手拈来的一个随意称谓"杨某"，注定了杨、武之间不可能存在师徒关系。

（5）伊不肯轻易授人，仅能得其大概：伊，他，指杨露禅。作为一名博采众家之长的武学研究者，武禹襄也喜欢外来新拳种、新技法，但是精妙难求。杨露禅不肯将千辛万苦学来的拳术诀窍和盘"示诸同好"，也是人之常情。这也更进一步表明杨、武之间不存在师承关系。武禹襄得不到陈家沟拳术的窍要，于是便引出下文——

素闻(1)豫省(2)怀庆府(3)赵堡镇(4)有陈姓名清平者，精于是技(5)。逾年(6)，母舅因公赴豫省，过而访焉。研究月余，而精巧始得，神乎技矣(7)。

【评注】

（1）素闻：素，素来；向来。说明武禹襄对陈清平早有耳闻。

（2）豫省：即现在的河南省。

（3）怀庆府：今河南省沁阳市。

（4）赵堡镇：今属焦作市温县管辖。

（5）精于是技：是，这。说明赵堡镇和陈家沟拳艺理相通，都崇尚"特钢强"，硬打硬接，大开大合，以进攻为主。

（6）逾年：一般认为是1852年，其原因有二。李亦畬自1853年始，从母舅武禹襄学拳，可证此时太极拳已然形成。即1853年或之后，再远赴赵堡镇访陈清平已无实际意义。此其一；1853年，太平军在河南发展势头迅猛，战乱已将陈家沟、赵堡镇几乎荡平，武禹襄此时问艺赵堡镇可能性为零。此其二。故，学术界将武禹襄赴赵堡镇的时间确定为"1852年"。

（7）母舅因公赴豫省……神乎技矣：这是武禹襄远赴赵堡镇研拳的过程，情节并不复杂离奇。武禹襄趁"因公赴豫"之机，直奔赵堡镇而来，同陈清平"研究"拳术一个多月，得其精妙。请注意：这里没有武氏绕道陈家沟，先拜访陈长兴，后去赵堡镇这一情节。站在武禹襄角度设想一下，以他的个性，不会步人后尘去寻访同一个人。尤其"素闻"一词表达出武氏是久慕陈清平之名而来。再者，陈家沟与赵堡镇，两村向来不合，素无友好往来。即便武氏去陈家沟，陈长兴老了，教不动拳了，但他的同门后学尚多，总不至于将求学问艺者拒之门外，推给"敌"对面吧。尤其是武禹襄，有钱、有身份、有文化，这样的人来学拳，应该求之不得。所以，关于武氏先赴陈家沟走访陈长兴，陈年迈多病，便推荐武氏访陈清平之说，应是不知真相的后人杜撰出来的传奇故事。事实也证明了笔者的分析，相关资料记载：陈长兴的儿子陈耕耘此时正协助陈仲甡、陈季甡昆仲在陈家沟练习乡兵。如果武禹襄先到陈家沟，陈长兴绝不会将登门求教的武氏打发走，推荐给他的对手——陈清平。

在这里，虽然我们不知道是什么原因使一位没有官衔的武禹襄能够"因公赴豫省"，但可以肯定武氏绝非人云亦云的流行说法，即他奉母命探望任职河南舞阳县县令的长兄澄清时，绕道赵堡镇而访陈清平的。为什么呢？上文已经分析武禹襄赴豫省的时间是在1852年。据1931年《永年县志稿·武澄清传》记载，他"咸丰壬子（1852年）进士，甲寅（1854年）补舞阳县令"。所以，武禹襄赴河南时，其长兄还未到舞阳供职。那么，关于武禹襄河南省兄，澄清舞阳县盐店得拳谱，转交幼弟禹襄，就成了穿越时空的故事了。

另外，还有一点需要注意，即武禹襄和陈清平之间是平等交流、互通有无的友好往来关系。"研究"一词说明了一切，说明他们之间是互相进行交流的"研究研究"，探讨探讨。虽然我们无从知道武禹襄如何

"研究月余"便"精妙始得",但通过这次赵堡镇之行,武禹襄和杨露禅又站在了同一条起跑线上。

予自咸丰癸丑[1],时年二十余,始从母舅学习此技,口授指示,不遗余力,奈予质最鲁,廿余年来,仅得皮毛[2]。窃[3]意其中更有精巧,兹仅以所得笔之于后,名曰《五字诀》,以识不忘所学云。

光绪辛巳中秋念六日[4]亦畬谨识

【评注】

(1)予自咸丰癸丑:咸丰癸丑,即公元1853年。说明李亦畬从舅父学拳的时间始于1853年,至武公逝世,共约27年。同时也说明,1853年时,太极拳已经基本成熟。

(2)奈予质最鲁,廿余年来,仅得皮毛:奈,怎奈;予,我;质,本质或本性;鲁,迟钝或笨;廿,二十。怎奈我本性最笨,二十多年来,仅仅得到一点皮毛。显然,这是作者的自谦。其实,他和舅父一样,是一位武学奇才,一篇《五字诀》便足以使后来者高山仰止,连同留存后世的其他拳论丰富完善了太极拳理论体系,确立了他在太极拳发展史上极其重要的地位,无愧为一代武学宗师。如果李亦畬和武禹襄不是甥舅,那么他们可称得上亦师亦友,如同马克思与恩格斯一样。所以,笔者将他们的拳学理论成果称作"武李学说"。当然,从学术角度而言,广义上的"武李学说"还涵盖着武秋瀛、武酌堂、李启轩、杨班侯、杨澄甫、孙禄堂、吴鉴泉、董英杰、陈微明、叶大密、郑曼青、郝月如、徐震、郝少如、吴文翰等与之一脉相传的理论研究成果。武禹襄、李亦畬的拳理拳论奠定了太极拳理论体系的基础,指导着太极拳发展的方向,被各派太极拳传人奉为经典,使中国武术得到前所未有的升华。

(3)窃:谦称,用于称自己的行为,表示私自、私下。

（4）光绪辛巳中秋念六日：即公元1881年8月26日。

## 小　结

　　《太极拳小序》（以下简称《小序》）写作时间李公记载明确：光绪辛巳年8月26日，即公元1881年10月18日，是武禹襄逝世的第二年，这也许是作者借此表达对舅父也是师父的殷切怀念之情吧。全文共计226个字，语言简洁明了，稍有古文常识者就能够读懂。这是见于文字的关于太极拳传承脉络的最早记载，为今天研究太极拳发展史提供了极其珍贵的第一手资料。

　　《小序》在写法上虚实结合，先虚后实，虚中有实，实中有虚。表面上看似自相矛盾，仔细分析，不难发现其中潜藏着的太极拳创始、传承脉络。杨露禅、武禹襄分别赴陈家沟、赵堡镇学拳研拳，这是不可否认的事实，但他们传于后世的并非陈家沟、赵堡镇的炮捶，并非一成不变的克隆前学，而是一种崭新的拳种，与之前所学习的任何一种拳术进行类比都发生了质的飞跃。

　　写到此，我们不由得想起古人常用的手法——假托。比如，古代文学中有一本理论批评巨著《文心雕龙》，对于从事古文学研究者可以说无人不知、无人不晓，它的作者名叫刘勰（约465—约532）。刘勰年轻时就想成名，曾认真写了一篇文章，满腔热情地去拜访当时大名鼎鼎的文豪沈约（441—513），请求指教、推荐。结果沈老先生轻描淡写扫了几眼文章，随手丢在一旁，说：还嫩着呢，年轻人，慢慢历练吧。这一下对刘勰打击很大，好在他没有气馁，而且表现得相当机智。过了大约半年时间，刘勰还拿着原来那篇文章，只是稍稍作了一点改动，再次呈送给沈约，并声称此文是一位前辈大家的绝世手稿，被他偶然得到了！沈约双手捧过，仔细品读，一字一叹，连连叫好。等沈约读完，自我陶醉赞美了好半天，刘髃才缓缓说道："这就是晚生半年前送来请您批评、指教的，您觉得不好的那篇文章。"……武术拳派中，像这种假托前辈名人为创始者，更俯拾皆是。比如，关公大刀、杨家枪、岳家枪、武松脱铐拳等，其实和关云长、杨延昭、岳飞、武松等没有一丝一毫的联系，只是挂了个名人头衔而已。然而，以武禹襄、李亦畬的学识与品性，他们不会抬出神仙道士，又觉得附会于名人英雄对后人难以交代。再加上武、李二公当年对"太极拳"疏于很明确的定位，只是因爱好而沉醉、专注于拳学的研究，所以，李公亦畬才会写下这篇看似奇奇怪怪的《小序》。但是，不管怎样奇怪、隐晦，从中还是反映出一段不争的史实：

真正意义上的太极拳自广府杨露禅、武禹襄始。

## 第十一节　《五字诀》评注

### 一、《五字诀》原文

一曰：心静

心不静，则不专。一举手前后左右全无定向，故要"心静"。起初举动未能由己，要息心体认。随人所动，随屈就伸，不丢不顶，勿自伸缩。彼有力我亦有力，我力在先。彼无力我亦无力，我意仍在先。要刻刻留心，挨何处，心要用在何处，须向不丢不顶中讨消息。从此做去，一年半载便能施于身。此全是用意，不是用劲。久之，则人为我制，我不为人制矣；

二曰：身灵

身滞，则进退不能自如，故要"身灵"。举手不可有呆相，彼之力方碍我皮毛，我之意已入彼骨里。两手支撑，一气贯穿，左重则左虚而右已去，右重则右虚而左已去。气如车轮，周身俱要相随。有不相随处，身便散乱，便不得力，其病于腰腿求之。先以心使身，从人不从己。后身能从心，由己仍是从人。由己则滞，从人则活。能从人，手上便有分寸，枰彼劲之大小，分厘不错；权彼劲之长短，毫发无差。前进后退，处处恰合，功弥久而技弥精矣；

三曰：气敛

气势散漫，便无含蓄，身易散乱，务使气敛入脊骨。呼吸通灵，周身罔间。吸为合、为蓄，呼为开、为发。盖"吸"则自然提得起，亦拿得人起，"呼"则自然沈得下，亦放得人出。此是以意运气，非以力使气也；

四曰：劲整

一身之劲，练成一家，分清虚实。发劲要有根源，劲起于脚根，主于腰间，形于手指，发于脊背。又要提起全付精神，于彼劲将出未发之际，我劲已接入彼劲，恰好不后不先。如皮燃火，如泉涌出，前进后退无丝毫散乱。曲中求直，蓄而后发，方能随手奏效。此谓：借力打人，四两拨千斤也；

五曰：神聚

上四者俱备，总归"神聚"。神聚，则一气鼓铸，炼气归神。气势腾挪，精神贯注。开合有致，虚实清楚。左虚则右实，右虚则左实。虚非全然无力，气势要有腾挪；实非全然占煞，精神要贵贯注。紧要全在胸中腰间运化，不在外面。力从人借，气由脊发。胡能气由脊发？气向下沈，由两肩收于脊骨，注于腰间，此气之由上而下也，谓之合。由腰行于脊骨，布于两膊，施于手指，此气之由下而上也，谓之开。合便是收，开便是放。能懂得开合，便知阴阳。到此地位，工用一日，技精一日。渐至从心所欲，罔不如意矣。

## 二、《五字诀》评注

一曰：心静[1]

心不静，则不专。一举手前后左右全无定向，故要"心静"。起初举动未能由己，要息心体认。随人所动，随屈就伸，不丢不顶，勿自伸缩[2]。彼有力我亦有力，我力在先。彼无力我亦无力，我意仍在先。要刻刻留心，挨何处，心要用在何处，须向不丢不顶中讨消息。从此做去，一年半载便能施于身。此全是用意，不是用劲。久之，则人为我制，我不为人制矣；

【评注】

（1）心静：太极拳"心静"，并非空空如也，什么也不想，而是聚精会神，用意专一，须有"定向"。初习太极拳，须练身法，当然意在身法。用心于自己，学习安排自身的本领，使每招每势有目的，有章可循，不妄动，不乱动。这是知己的功夫。身法正，举手投足皆有定向，此后的心思便在对手身上，所谓"刻刻留心，挨何处，心要用在何处，须向不丢不顶中讨消息"。走架亦如打手，用心体会如何与无形之人在周旋。打手时随彼而动，粘连黏随，不丢不顶，因彼而发，所谓"因敌变化是神奇"。这是"随转随接""物来顺应"的知人功夫。知己知彼，方可百战不殆。

（2）随人所动，随屈就伸，不丢不顶，勿自伸缩：这是对《太极拳论》中一语"无过不及，随屈就伸"的进一步说明，要前后结合起来参悟学习。

此诀重点在于凝神静气，修炼不丢不顶、以意领劲的太极拳功夫。

二曰：身灵

身滞，则进退不能自如，故要"身灵"。举手不可有呆相，彼之力方碍[1]我皮毛，我之意已入彼骨里。两手支撑，一气贯穿，左重则左虚而右已去，右重则右虚而左已去。气如车轮，周身俱要相随。有不相随处，身便散乱，便不得力，其病于腰腿求之。先以心使身，从人不从己。后身能从心，由己仍是从人。由己则滞，从人则活。能从人，手上便有分寸，枰[2]彼劲之大小，分厘不错；权彼劲之长短，毫发无差[3]。前进后退，处处恰合，功弥久而技弥精矣；

【注释】

（1）碍：妨碍。

（2）枰：棋盘。"自藏本"为"秤"。故，此处"枰"为通假字，同"秤"。

（3）手上便有分寸，枰彼劲之大小，分厘不错；权彼劲之长短，毫发无差：此句是对《太极拳论》中"立如秤准"的进一步说明。行工走架仅仅做到稳如泰山、静如山岳是不够的，还要"立如秤准，活似车轮"。"立如秤准"，身上知觉灵敏，手上要有分寸"枰彼劲之大小，分厘不错；权彼来之长短，毫发无差。"

此诀紧扣舅父《打手要言》，言明所谓的"身灵"，就是不仅要周身相随，更要学会"从人"的独特功夫。

三曰：气敛

气势散漫，便无含蓄，身易散乱，务使气敛入脊骨。呼吸通灵[1]，周身罔间。吸为合、为蓄，呼为开、为发。盖"吸"则自然提得起，亦拿得人起，"呼"则自然沈得下，亦放得人出。此是以意运气，非以力使气也；

【评注】

（1）呼吸通灵：许多人以为，太极拳的"呼吸"指修炼者走架打手时对自然呼吸的控制或调控，其实，这是认识的误区。太极拳对呼吸没有特定的要求，不对呼吸进行有意识的控制。因为，这种呼吸与生俱来，随身体需求会做出本能的反应与调控，或急或缓，或深或浅，默契相合。如练功时，蓄劲时必然要吸气，发劲时肯定在呼气，根本不需要人为引导。试想，再笨拙的练拳者也不会反其道而行之，选择发力吸气、蓄劲呼气吧。因而，李亦畬写道："呼吸通灵，周身罔间。吸为合、为蓄，呼为开、为发。"郝少如更明确指出："太极拳的'呼吸'两字是指'蓄发、开合、收放'，而与人的自然呼吸大不相同。""是前辈对'引进落空，借力打人'技艺所作的一种特定比喻，与人的自然呼吸在概念、性质、作用和内容上是截然不同的两回事。然而，由于这两种呼吸同时在练习者身上运行，不进行细致的分辨、体认，很容易误解，不少人因此误入歧途。"下面从太极拳的"蓄发""开合""收放"三方面进行解读：

太极拳的开合。练习太极拳是从学套路、练走架入手的，套路由一个个相对独立的招式有机组合而成。首先，要懂得每一招式的用法用途，清楚它的攻防含义，使之了然于心。进而，每一动势都要心中有术，并且使动作与动作之间、拳势与拳势之间衔接得自然、细腻、熨帖。武禹襄在《打手要言》中写道："每一动惟手先着力，随即松开，犹须贯串，不外起承转合……"起承转合，简单来讲就是"开合"二字，是武公规范的练拳节奏。开，拳势的放大，在进，用于攻击；合，拳势的缩小，在退，用于防守。说得再直白些，每一次开合就是一次攻防转换的过程。因此，走架就如同呼吸一样，在不断进行着有节律的开合运动。当然了，开合与呼吸又不尽完全相同。众所周知，太极拳，顾名思义是辩证的、相对的，所以，开合不是绝对的非开即合或者非合即开，而是开中有合，合中有开，开合有致。也就是进中有退，退隐进机，进退有方；攻中有防，防中有攻，攻防有道。当代的武式、孙式太极拳又叫作"开合太极拳"，就是在提醒修炼者要懂开合、知进退、明攻防。此其一。

太极拳的蓄发。学习拳架、练习招式，称为"着熟"，这是太极拳练功的初级阶段。第二阶段叫作"懂劲"，从学招式逐渐过渡到学用劲，懂得运用自己的劲力，学会控制、化解对手的劲力，为我所用。一句话，学会蓄劲与发劲。蓄劲是防守，要消解对方的攻击势头，目的向对手借力。借力，就好像人吸进空气一般将对手的劲力吸进来。发劲是进攻，将所借即吸进之力转化成发人的妙劲，呼放出去，还与对手，施于彼身。这一阶段就必须增加推手训练，从友好切磋中进行互补，查漏补缺，进一步学习劲力的蓄发。此时，走架练习也要相应地增加难度，用意也要发生变化，正如武禹襄在《打手要言》中接下来的论述："……始而意动，既而劲动，转接要一线串成……"从一招一式的揣摩转化为关注自己、更关注对手的劲力走向。因此，此时走架练套路便脱离了招式的局限，而是全神贯注于劲力的变化、转换，张弛有道、有节律地进行着劲力的蓄发运动。此其二。

太极拳的收放。随着劲力蓄发锻炼的日渐功深，习练者身体便会自然而然地生发出一种气势来。郝月如有句名言："太极拳不在样式而在气势，不在外面而在内。"气势由何而来？必须先把太极拳学中对"气"的定位搞明白。太极拳理论中有许多关于"气"的论述，比如，"气沉丹田"是修炼太极拳的十三条身法准则之一，武禹襄有"以心行气""气敛入骨""气以直养而无害""行气如九曲珠""腹内松静气腾然"等经典语录。在此，千万不要以为"气"是指人自然呼吸的空气，或者指吸入的空气在体内的运行状态。"这里所讲的'气'是指习练太极拳达到一定水平时，人体随意机能所生发的一种自身感觉，而非指呼吸的空气。"（郝少如语录）这种感觉包围全身，弥散开来，便产生出一种难以言状的气势。老前辈们存世的图片、视频资料中，气势最好的首推杨澄甫、郝少如，前者行拳气势磅礴、端庄大度，后者走架身法谨严、气势饱满，我辈后学当时时比照摩学。气势的获得来自对拳势开合、劲力蓄发的掌控，走架打手时肢体要有放长、放远的感觉，周身之劲向远处贯穿，整个身体像充足了气的球体。"……气宜鼓荡，神宜内敛。无使有缺陷处，无使有凹凸处，无使有断续处。其根在脚，发于腿，主宰于腰，行于手指。由脚而腿而腰，总须完整一气。"（武禹襄语录）周身气势随拳势的开展、紧凑而放大、收小，也如呼吸一般进行有节律的运动。此其三。

综上所述，可知：拳势的开合、劲力的蓄发、气势的收放，并非独立存在的，而是同步进行的，紧密结合在一起的。摩学时，要分层次的灌输。然而，实际操作时，三者永远不可能分离，永远水乳交融。吸，为拳势的缩合，周身之劲的储蓄，气势的收小，在借力，用于防守；呼，为拳势的开展，周身之劲的聚发，气势的放大，在发劲，用于攻击。正所谓"吸，为合为蓄；呼，为开为发""合，便是收；开，即是放"，这才是真正意义上的太极拳的呼吸。

四曰：劲整

一身之劲，练成一家，分清虚实。发劲要有根源，劲起于脚根，主于腰间，形于手指，发于脊背。又要提起全付[1]精神，于彼劲将出未发之际，我劲已接入彼劲，恰好不后不先。如皮燃火，如泉涌出[2]，前进后退无丝毫散乱。曲中求直，蓄而后发，方能随手奏效。此谓：借力打人，四两拨千斤[3]也；

【评注】

（1）付：同"副"。

（2）如皮燃火，如泉涌出：这是对上句——提起全付精神，于彼劲将出未发之际，我劲已接入彼劲，恰好不后不先——作出的比喻。要知觉灵敏，反应迅速，把握火候，无过不及。彼劲未出，我劲已发，授人以柄，易被人制；彼劲已出，我劲才出，失之于顶，难以由己。故要提起全副精神，如皮燃火一般，十分灵敏地感知出对手的劲力变化，并迅速做出准确的判断和反应。在彼劲将出未发之时，我劲恰好接定彼劲，如泉水涌出，涌出即散，为我所控制和利用。接下来，所要达到的目的就是——借力打人，四两拨千斤。

（3）借力打人，四两拨千斤：即"牵动四两拨千斤"。从科学角度而言，绝对的"四两"拨不走"千斤"，绝对的小力拨不走绝对的大力。所以，"四两拨千斤"的前提，必须有"借力"做保障。借力打力，借助或利用对手之力还施于对手，才能达到"四两拨千斤"之目的。

该诀主要讲如何运用整劲，去实现以小力制大力、以巧制拙的目的。

五曰：神聚[1]

上四者俱备，总归"神聚"。神聚，则一气鼓铸，炼气归神。气势腾挪，精神贯注。开合有致，虚实清楚。左虚则右实，右虚则左实。虚非全然无力，气势要有腾挪；实非全然占煞，精神要贵贯注。紧要全在胸中腰间运化，不在外面。力从人借，气由脊发。胡能气由脊发[2]气向下沉[3]，由两肩收于脊骨，注于腰间，此气之由上而下也，谓之合。由腰行于脊骨，布于两膊，施于手指，此气之由下而上也，谓之开。合便是收，开便是放。能懂得开合，便知阴阳。到此地位，工用一日，技精一日。渐至从心所欲，罔不如意矣。

【评注】

（1）神聚：神，发乎心，源于意，示于目。神聚，就是对太极拳"眼法"的规范。武术最讲究精、气、神，太极拳也不例外。常言道："眼睛是心灵的窗户。"武林中人常说："眼为心之苗。"由此可知，人的所思所想会不同程度地从眼神中流露出来。换句话说，从一个人的眼睛里可以窥视到他的心灵深处，这就是所谓的眼神与心意相通。因此，太极拳之神就是指走架打手时眼的神态，对修炼者眼神的要求，即"眼法"。

有的拳师在教授太极拳时，要求练习者的目光注视身前之手，眼随手动，这叫作"手领眼运"。这种眼法是否正确呢？我们知道太极拳"必须以内形的运动来支配外形的运动"（郝少如语），所谓内动牵引外动，由内而及外。反观"手领眼运"，由外而及内，外动引领内动，显然与太极拳基本要领相悖。郝月如先生指出：

"神聚于眼，眼是心之苗，心从意中生。我意欲向何处，则眼神直射何处，周身亦直对何处，一转眼则周身全转。视静犹动，视动犹静，总须从神聚而来。"

这才是正确的眼法、眼神——眼领手运。眼，是引领者、向导，引导周身运转的方向，聚精会神，专注一方。那么，问题来了，演拳者的目光关注的究竟是什么呢？郝少如先生讲道："走架即是打手，打手即是走架。"二者理惟一贯，走架如同与无形的人交手，所以，演拳者的目光必定在关注对手。太极拳要求舍己从人，随人而动而发，悉心体悟对手不断变化着的运动状态，自己的眼神必须每时每刻关注对手的一举一动。李公亦畬指出："要刻刻留心，挨何处，心要用在何处，须向不丢不顶中讨消息。"关注对手，从对方的眼睛里讨消息，这是眼法；挨何处，从何处讨消息，这是心意。察"眼"观色，随机应变，眼、心、手合一。锁定对手双眼，从对方眸子里探寻虚实，所以走架时的眼神多以平视为宜。此时，姿态安详自然，从容镇定；目光平静恬淡，温文含蓄。摒弃浮躁，没有桀骜不驯的眼神，更忌怒目圆睁，目露杀机。无论风云如何变幻，从自己的眼睛里流露出来的永远是从容与淡定。正所谓以不变应万变，以静制动。将自己的动机隐藏起来，故而眼神平静含蓄，此为静中有动，以求人不知我；从对方的眼睛里讨消息，所以眼神具备洞察秋毫的深邃,这是动中有静,求达我独知人。目光所及,意、气、形(劲)均指向该处。试想,练拳时如果不全神贯注紧盯对方双眼,如何做到"彼微动,已先动"呢?不如此,武者的精、气、神怎么能从"心灵的窗户"流露出来呢?综上所述,以下三种走架眼神是太极拳学不提倡的。

目光流盼。目光顾盼游离,没有定向,不能专注一方。如此,则失去引领作用,明显是错误的。此其一;

闭目走架。有人练拳双眼紧闭,说这样更加专心、专注,更容易入静。如果这样的话,很明显就与拳术的"技击"本意脱离、脱节,为静而静,失之于"不及"。此其二;

不眨眼行工法。某个太极拳流派宣称:"不眨眼"走架是其独有的练功方法,是衡量功夫水准的一个标尺。诚如是,眼不眨,神色滞,呆相生,为专而专,难道不失之于"过"吗?此其三。

总之,眼法也要讲究"无过不及",练习者一定要把握火候,掌握好一个"度"。

(2)胡能气由脊发:胡,为什么。理解"气由脊发",应与太极拳的"身备五弓"结合起来理解。人体脊椎骨为主弓,两手臂、两腿为辅弓。"气由脊发"实际上是"主弓"的发放之术,所谓"蓄劲如张弓,发劲如放箭"。

(3)沈:同"沉"。

该诀主要言明太极拳之神。

## 小　结

李亦畬承继母舅武公禹襄之衣钵,论述拳理进一步深入、细致、系统而周密,《五字诀》是他最杰出的代表作。他的文采虽然略逊于母舅,但其论述结构严谨,层次分明,完整成篇,是一大亮点。

"心静、身灵、气敛、劲整、神聚",是指走架打手时的身形、神韵状态,要求做到意、气、劲或精、气、神的高度和谐与统一。武公禹襄指出:修炼太极拳要"先在心,后再身。"因此,《五字诀》便从"心静"谈起。心静,不是头脑一片空白,什么也不想。而是精神贯注,专注一方,一心行拳。"挨何处,心要用在何处"。次求"身灵"。身灵,心为令,身为驱使,从人从己,便利从心。行功走架稳中求灵,既要静如山岳,又要有"腾挪"之势;再谈"气敛"。气敛,不是有意识地控制自然呼吸之气,进行导气,而是指气势,随着修炼者日久功深由内而外生发出来的一种态势;尔后"劲整"。劲整,我意向何处,则劲往何处用。手、臂、足、腿、肘、膝、腰、胯等劲合一处,力聚一方;最后,归于"神聚"。神聚,"神聚于眼,眼是心之苗,心从意中生。我意欲向何处,则眼神直射何处,周身亦直对何处。一转眼则周身全转,视静犹动,视动有静,总须从神聚而来。"(郝少如语)总之,做到了心静、身灵、气敛、劲整、神聚,则太极拳功夫定会日久功深。

# 第十二节 《撒放密诀》评注

## 擎引松放

擎,擎起彼身借彼力[1],(中有"灵"字)

引,引到身前劲始蓄[2];(中有"敛"字)

松,松开我劲勿使屈[3],(中有"静"字)

放,放时腰脚认端的[4]。(中有"整"字)

【评注】

(1)擎起彼身借彼力:擎,原意指举,往上托的意思。在此切勿望文生义，简单地理解为用力将对手举起或托起。这是拙力，非太极拳之巧。李亦畬先生一个"灵"字道破天机。灵，灵活、灵巧。"擎"，是佯攻、是诱饵、是侦察，目的为了诱使对手进攻。面对不主动发力的狡猾对手，应不失时机地主动采取佯攻的方式。即先给对手一个发劲的假象，诱使对方向我发力，这才是真正意义上的"擎"。必须用巧妙的跟踪劲，不前不后，无过不及，恰如其分跟定对手，将彼力牵出来，这叫作"引蛇出洞"。按照武禹襄制定的"起承转合"习拳节奏，"擎"为"起"。

（2）引到身前劲始蓄：引，是"擎"的延续，"擎"之目的与结果。"引"将"擎"所诱之力牵到身前，进入我设下的包围圈，或者说我劲的势力范围，这叫作"诱敌深入"。故，"引"是"起承转合"之"承"。

（3）松开我劲勿使屈：松，是转折，是转守为攻，化被动为主动的策略。一味地"引"易造成人顺而我背，应当在我似背非背之时，突然而松。"松"不是松松垮垮，而是战术的转变，是松沉入地，是准备对彼施以"挫之意"转守为攻的技法。"松"要做得迅速、隐蔽，令对手猝不及防。使对手有被我牵动着突然失控，如坠深渊之感。简而言之，就是将敌力完全消化。此时，为我最有利的进攻时机，应果断发放。谨记，我最顺之时，乃我将背之始。机会稍纵即逝，切勿贻误战机。此为"起承转合"之"转"。

（4）放时腰脚认端的：认，认清、认准；端，开端、开头，即对方的劲头；的，有的放矢之"的"，即指靶子。放，要有目标，向什么方向而去，心中有数。"认端的"意为：探准对方劲力的方向，挫动劲头，使之失控，然后发放，做到放之有明确方向，如同射出之箭，直向靶心。那么，为什么"腰脚"去"认端的"，而不是手呢？太极拳讲究整劲发放，讲究一身备五弓。所谓五弓，两腿曲蓄为两弓，手与臂弯曲呈两弓，此为四张辅弓。主弓为人体"大椎与脊骨根上下两端为弓梢，腰脊（命门处）为弓把。这张弓上联两手，下联两腿，而腰脊为联系上下四张辅弓的中心枢纽。"（郝少如语）收，则五弓收；放，则五弓放，如同张弓放箭，这就是太极拳提倡的整劲运动。单纯手臂的发力"断""散""滞"，不是倾尽全力，并且容易被人觉察。"腰脚"之劲沉稳厚实，隐蔽性强。腰带肢体发劲，不是简单的扭腰摆胯，而是如同磨盘转动，或者像杠杆撬动物体，以腰为轴或支点的潜在运动。正所谓：外形微显，其劲内换，腰的潜转不仅挫开对方劲头，还可以打击对手失控之"空"点，此所谓化即发也。"腰脚"包括两个手臂，发劲以腰为轴，上下两分，向两个相反方向施以作用力与反作用力。也就是说，每张弓形成对拉之势。实脚总向作用力的相反方向而蹬地，这样发出的劲才沉稳厚实，如同张弓放箭，劲整势圆，此所谓"蓄劲如张弓，发劲如放箭"。此为"起承转合"之"合"。

放，是"松"的最终目的和结果。要抓住机会，得势发放。虽然太极拳的宗旨是"制人而不伤人"，但并非不要发放。作为武术之一，搏击制敌的属性不能丢失，该发放时就发放，不可迁就姑息。那么，武禹襄拳论为什么很少触及发放呢？因为作者饱读诗书，是德才兼备之士，并非一介武夫。他们将发放看得很淡、很轻，主张"养生为本，技击为末"，所谓"详推用意终何在？益寿延年不老春"。但是，武禹襄的推手理论已经到了箭在弦上、不得不发的地步。因此，到李亦畲时，便直抒胸臆写出《撒放密诀》而一吐为快了。总之，"粘连黏随"可见宽容大度之风范，"敷盖对吞"尽现涵盖宇宙之气概，"擎引松放"方现太极拳术发放之奇妙。

## 小　结

李亦畲的"擎引松放"实为"敷盖对吞"的衍文，是对"吞"之后隐藏着的"吐"的具体说明。因此，笔者将"粘连黏随""敷盖对吞"

"擎引松放"称为太极拳推手练习的三部曲。综合而言，"粘连黏随"是太极拳防守反击所采用的制人手段，"敷盖对吞"是"粘连黏随"的高级层次，而"擎引松放"是对"敷盖对吞"之后"吐"字的阐释。研习"擎引松放"的推手发放技术，必须从画龙点睛的"灵""敛""静""整"中去感悟、去体会，多练习，勤动脑。心要知，更须身知。心知身不知，总是一场空。正所谓：纸上谈兵不英雄，从容制人乃豪杰。

另，根据"启轩本"编辑的《李氏太极拳谱》中，"擎引松放"之后还附有几句注解，摘录于此，以备研究者参考：

"'擎引松放'四字有四不能：脚手不随者不能，身法散乱者不能，一身不成一家者不能，精神不团聚者不能。欲臻此境，须避此病，不然虽终身由之，究莫名其精妙矣！"

# 第十三节　《走架打手行工要言》评注

昔人云：能引进落空，能四两拨千斤。不能引进落空，不能四两拨千斤。语甚概括，初学末[1]由领悟，予加数语以解之，俾[2]有志斯技者得所从入，庶日[3]进有功矣。

欲要引进落空，四两拨千斤，先要知己知彼；欲要知己知彼，先要舍己从人；欲要舍己从人，先要得机得势；欲要得机得势，先要周身一家；欲要周身一家，先要周身无有缺陷；欲要周身无有缺陷，先要神气鼓荡；欲要神气鼓荡，先要提起精神，神不外散；欲要神不外散，先要神气收敛入骨；欲要神气收敛入骨，先要两股前节有力，两肩松开，气向下沈[4]。劲起于脚根，变换在腿，含蓄在胸，运动在两肩，主宰在腰。上于两膊相系，下于两腿相随。劲由内换，收便是合，放便是开。静则俱静，静是合，合中寓开；动则俱动，动是开，开中寓合。触之则旋转自如，无不得力，才能引进落空，四两拨千斤。

平日走架，是知己功夫，一动势先问自己周身合上数项不合，少有不合，即速改换，走架所以要慢不要快。打手是知人功夫，动静固是知人，仍是问己。自己安排得好，人一挨我，我不动彼丝毫，趁势而入，接定彼劲，彼自跌出。如自己有不得力处，便是双重未化，要于阴阳开合中求之。所谓"知己知彼，百战百胜"也。

【评注】

（1）末：误字，应为"未"。

（2）俾：使（达到某种效果）。

（3）庶日：多日。

（4）欲要引进落空……两肩松开，气向下沉：此句一气呵成，解析如何做到"引进落空，四两拨千斤"。从练熟身法入手，做到上下联动，劲整势圆，气沉丹田，松肩沉肘，两股前节有力，使神气收敛入骨。神气收敛入骨，则神聚不外散。身不外散，就能提起全部精神而神气鼓荡。神气鼓荡，则周身圆满，无有缺陷，从而周身一家。周身一家，则能得机得势，舍己而从人。舍己从人，才能探知对方之虚实，从而知己知彼。做到了知己知彼，方能借力打人，实现引进落空，牵动四两拨千斤之目的。

## 小　结

《走架打手行工要言》是李亦畬先生的经验之谈，弥足珍贵。《大学》中有段名言："古之欲明明德于天下者，先治其国。欲先治其国，先齐其家。欲齐其家，先修其身；欲修其身者，先正其心；欲正其心，先诚其意；欲诚其意者，先致其知，致知在格物……"很明显，李公便借用了这种排比语言格式，一连运用九个"欲要……先要……"，层层递进，步步深入，如抽丝剥茧般地精微阐释太极拳引进落空、牵动四两拨千斤的理法和练习步骤，读来使人如同醍醐灌顶般的茅塞顿开。李先生循循善诱、娓娓倾诉拳理的神态如在眼前。

李亦畬先生是继武公禹襄之后又一位太极拳理论大家，是"武李学说"最有代表性的构建者之一。另外，李先生手书完成的"老三本"拳谱意义非凡，影响深远，它是太极拳发展史上最早的太极拳谱，是太极拳理论体系的奠基之作，是太极拳走向成熟的鲜明标志。"老三本"拳谱，无论从拳理拳法的阐述，以及文采堪称典范之作，纵观整个武术界，之前还没有发现可与之相媲美的论述。因而，"老三本"并非一蹴而就的，是经过作者许多年反复锤炼、不断修改完善的结果。目前，随着在"老三本"写成之前不止一本"草稿本"的发现，也包括李亦畬先生后代人中零星散稿的公开，为今天的太极拳学术研究提供了新的参考依据。一些悬而未决或者存在争议的问题，就逐渐地变得明朗起来。在此，笔者呼吁有更多的开明之士，将前辈先贤留存的文字材料公诸于世，为研究太极拳理论、历史提供更多的帮助。

# 第三章　其他评注

武禹襄兄弟三人，长兄秋瀛，仲兄酉堂，均饱读经史，人誉"广郡三武"。武禹襄还有两位外甥：亦畬、启轩，他们都爱好钻研武学，参与了太极拳的研创过程，且颇有心得，有拳论传世，是"武李学说"的创建者。因而，本章节选几篇他们的代表论述，并稍加评注，以作补充。

## 第一节　武秋瀛[1]拳论评注

### 一、《释原论》

动，"动之则分，静之则合。"分，为阴阳之分；合，为阴阳之合。太极之形如此，分、合皆谓己而言。"人不知我，我独知人。"懂劲之谓也，揣摩日久自悉矣！

引，"引进落空合即出。""四两拨千斤。"合，即"拨"也。此字能悟，真有夙慧者也。

"左重""右重""仰之""俯之""进之""退之"，是谓人也；"左虚""右杳""弥高""弥深""愈长""愈促"，是谓己亦谓人也。虚、杳、高、深、长，是人觉如此，我引彼落空也。"退之则愈促"，迫彼无容身之地，如悬崖勒马，非懂劲不能走也。此六句，上、下、左、右、前、后之谓是也。

## 二、《打手(2)论》

初学打手，先学搂、按、肘。此用搂，彼用肘；此用按，彼用搂；此用肘，彼用按……二人一样，手不离手，互相粘连，来往循环，周而复始，谓之"老三着"。以后，高势、低势，逐渐增多，周身上下，打着何处，何处接应，身随劲（己之'劲'）转。论内形，不论外形。此打手摩炼之法，练得纯熟时，能引劲（人之'劲'）落空合（拨也）即出，则艺业成矣。然非懂劲（此'劲'兼言人、己），不能知人之劲怎样来，己之劲当怎样引。此中巧妙，必须心悟，不能口传。心知才能身知(3)，身知胜于心知(4)。徒心知尚不能适用，待到身知，方能懂劲。懂劲洵(5)不易也。

【评注】

（1）武秋瀛：生于1800年，卒于1884年。名澄清，字秋瀛。进士。1854年，官补河南舞阳县知县。武禹襄长兄，参与研发太极拳的过程，是"武李学说"的创建者之一。

（2）打手：现在一般称为"推手"。它不是散手，是太极拳所独有的练习听劲、化劲、拿劲、发劲技巧的程式化训练方法。

（3）（4）身知、心知：这是武秋瀛首次提出的概念或者感受，对后人多有启发。所谓"心知"是从理论上懂得太极拳的基本理论、主要原理、行工准则等，所谓"身知"是在实践中能够体现出这些理论、原理、准则等。"心知"是"身知"的基础和保障，"身知"是"心知"的目的和结果。如果做不到"身知"，不能从身上体现出来，所谓的"心知"终究是竹篮打水一场空。当然，做到"身知"很难，但是必须向这方面努力。努力做到"身知"，最终蜕变为一种自我本能的反应。

（5）洵：实在。

## 小　结

《释原论》是对《太极拳论》和《打手歌》中太极拳经典语录的注释和说明。《打手论》记录下最早的太极拳定步推手法。另外，在"自藏本"中收录有李亦畬记录的活步推手法——《打手法》，是太极拳活步推手法见于文字的最早记载。全文如下：

"两人对立，做双搭手（即左手咬腕，右手扶肘；或右手咬腕，左手扶肘）。搭手之足（左手搭手则左足，右手搭手即右足）在前，一进一退（进者先进前足，退者先退后足）至末步（即第三步）。退者收前足成虚步，进者跟后足成跟步。搭手时，搭腕之手不动，扶肘之手由上而换。如此进退搭换，循环不已。练发劲时，一般皆在应退而不退时作准备。练熟后，前进、后退都可化发。进用按、挤，退用掤、捋。"

这种活步推手法，现又称为"三步半推手法"。它比定步推手法更进一步，加上了步法。推手是修炼太极拳很重要的一个环节，如同其他拳种的对练一样，用以练习如何接劲、化劲、拿劲、发劲。推手不是跤技、擒拿，不采用抓、握、撕掠、箍抱、反关节技等，不使用勾、绊、摔、跌等技术。它运用掤、捋、挤、按、採、挒、肘、靠等太极拳特有的技法，体现"粘连黏随"的技术特征，达到以劲制人、以柔克刚的目的。

学习推手，必须先练习拳架。待拳架练得纯熟、身法正确之后，方可进行推手训练，不可操之过急。操之过急，反而得不偿失，反而掌握不准推手技巧。一般先由老师领练，和老师推手，体会引、化、拿、发劲的技巧。定步推手和活步推手，是太极拳推手最基本的组成部分，现在依然被广泛应用。两种方法，必须先学定步推手，再练活步推手，不能"隔沟蹦"。定步推手肢体配合协调，较为顺达，具备了一定的引化技术，再配合上步法，就是活步推手的训练。走架和推手是相互印证、相互促进、相互提高的不可分割的两个方面，是一个整体。走架，是和无形之人在推手；推手，是和有形之人在走架，所谓"有人当无人，无人当有人"。然而，推手毕竟不是实战、街斗，也不是搏击对抗，三五知己，八九同道，坐下茶叙讲拳，起身手谈论道，观者未知有变，你我已见分晓。落座讲手，顺背得失尽付笑谈中。这是智者雅士的比较，比较的是心力。彼此用劲之大小、引化之巧拙、拿控之火候，其中之乐趣、奥妙、境界，只有彼此最懂得，这就是太极推手。

## 第二节 武酉堂[1]《结论》[2]评注

夫拳名太极者，阴阳虚实也。虚实明，然后知进退。进固是进，进中有退；退仍是进，退中隐有进机。此中转关在身法。虚领顶劲，涵胸拔背，则精神提得起；气沈丹田，裹裆护肫，则周转健捷。肘宜曲，曲而能伸，则支撑得势；膝宜曲，蓄而能发，则发劲有力。

至与人交手，手先着力，只听人劲。务要由人，不要由己；务要知人，不要使人知己。"知人"，则上下、前后、左右自能引进落空，则人背我顺。此中转关，在于松肩，主宰于腰，立根在脚，俱听命于心。"一动无有不动，一静无有不静"。上下一气，即所谓"立如秤准，活似车轮""支撑八面""所向无敌"。人劲方来，未能发出，我即打去，谓之"打闷劲"[3]；人劲已来，我早静待，着身便随打去，所谓"打来劲"；人劲已落空，将欲换劲，我随打去，此谓"打回劲"。由此体验，留心揣摩，自能从心所欲，阶及神明焉。

【评注】

（1）武酌堂：生于1803年，卒于1887年。名汝清，字酌堂。进士，官至刑部四川司员外郎。武禹襄的仲兄，"武李学说"的创建者之一。他虽然高居官位，但业余时间研习太极拳，留下一篇为太极拳定名的不朽之作。

（2）《结论》：本文采自《永年李氏家藏太极拳秘谱全集》卷六第七节。

（3）打闷劲：太极拳技击的手段是设法控制对手的劲道或者劲路，做到以劲制人，以劲打人。打劲的方法共有三种，即"打闷劲""打来劲""打回劲"。打闷劲，不易理解，最难掌握。不妨双手用力去推墙壁，我即被反弹仰面而退，这就是被打闷劲的感觉或者体验。照此长期摩学磨练，必能有所认识，懂得运用。

## 小　结

所谓"结论"，其实是对为什么以"太极"取名的注解说明。文中明确指出：《太极拳论》中的"阴阳"就是《打手要言》中的"虚实"。"太极拳"和"太极"是两个概念，"太极拳"是武术的一种，"太极"是哲学术语。因而，"太极拳"和"易经""五行""八卦"等不存在本质的、必然的联系，它只是借用了哲学中的"阴阳"原理，来解释或者论述太极拳的虚实之道。所以，一言以蔽之：太极拳的本质就是讲的"虚实之道"。上文对此已作出详解，不再赘述。

## 第三节　李启轩[1]拳论评注

### 一、《球之喻》[2]

如置球于平坦，人莫可攀跻[3]。强临其上，向前用力后跌，向后用力前跌。譬喻甚明，细揣其理，非舍己从人，一身一家之明证乎？得此一譬，则引进落空，四两拨千斤之理，可尽人而明矣。

【评注】

（1）李启轩：生于1835年，卒于1899年。名承纶，字启轩。李亦畲胞弟，同学太极拳于舅父武禹襄，是"武李学说"创建者之一。

（2）《球之喻》：此篇见于李亦畲先生手书"丁丑本"拳谱，"老三本"中均不载，题目为编者所加。李启轩用人攀球作比喻，来描述在推手中如何使人跌扑。在此，所谓"人攀球"，"人"为"彼"，"我"如"球"。这就是比喻的作用，一下子使抽象的拳理具体化，而且灵动起来。勿须多解，其理已明，就看如何做到"身知"了。

（3）攀跻：跻，音读 jī，登的意思。攀跻，即攀登。

该论用球体作比喻，言明太极拳所追求的修炼之道。无论势法怎样变化，自身不得双重，不能偏沉，如同球体，触之则旋转自如。

### 二、《"敷"字诀解》[1]

敷，所谓一言以蔽之也，人有不习此技而获闻此诀者，无心而白于余。始而不解，及详味之，乃知"敷"者，包围周匝[2]，人不知我，我独知人。气虽尚在自己骨里，而意恰在彼皮里膜外之间。所谓：气未到，而意已吞也。妙哉！妙哉！！！

**【评注】**

（1）《"敷"字诀解》：一名《一字诀》。该解采自《永年李氏家藏太极拳秘谱全集》卷五第八节，它是对武公禹襄"四字不传秘诀"中"敷"的补注、说明。

（2）匝：周遭、环绕的意思。

## 三、《太极拳走架白话歌》(1)

提顶吊裆心中悬，松肩沉肘气丹田；
裹裆护肫须下势，涵胸拔背落自然；
初势左右懒扎衣，双手推出拉单鞭；
提手上势往空看，白鹅亮翅飞上天；
搂膝拗步往前打，手挥琵琶躲旁边；
搂膝拗步重下势，手挥琵琶又一番；
上步先打迎面掌，搬拦捶儿打胸前；
如封似闭往前按，抽身抱虎去推山；
回身拉成单鞭势，肘底看捶打腰间；
倒撵猴儿重回势，白鹅亮翅到云端；
搂膝拗步须下势，收身琵琶在胸前；
按势翻身三甬背，扭颈回首拉单鞭；
纭手三下高探马，左右起脚谁敢拦；
转身一脚栽捶打，翻身二起踢破天；
披身退步伏虎势，踢脚转身紧相连；
蹬脚上步搬拦打，如封似闭手向前；
抱虎推山重下势，回头再拉斜单鞭；

野马分鬃往前进，懒扎衣服果然鲜；
回身又把单鞭拉，玉女穿梭四角全；
更拉单鞭真巧妙，纭手下势探清泉；
更鸡独立分左右，倒撵猴儿又一番；
白鹅亮翅把身长，搂膝前手在下边；
按势青龙重出水，转身复又拉单鞭；
纭手高探对心掌，十字摆连往后翻；
指裆捶儿向下打，懒扎衣服紧相连；
再拉单鞭重下势，上步就挑七星拳；
收身退步拉跨虎，转脚去打双摆连；
海底捞月须下势，弯弓射虎项朝前；
怀抱双捶谁敢进，走遍天下无人拦；
歌兮歌兮六十句，不遇知己莫轻传。

**【评注】**

（1）《太极拳走架白话歌》：该歌诀所记录的套路势法更加细化，较之于《十三势架》中的50余势，增加至70多势。歌诀是和其母舅武公禹襄《十三势架》以及《身法》相对应的作品，前两句提到身法，之后简单地加上了一些拳势练法说明，以便于更好地记忆。另外，该歌诀果然是"白话"，明白如话，今人理解起来并不困难，故不做多解。歌诀不仅反映出太极拳套路的变迁，较之于武公禹襄的《十三势架》更加丰富。而且也可以看出今天的"杨式""吴式""孙式""王其和式"等太极拳套路，无论势名势法、编排结构亦类如此。这充分证明了一点——天下太极拳本为一家，追根溯源均出自广府。这正是：

太极拳百花齐放，广府城根系万家。

# 第四章　太极拳文化思考

我国封建时代，"武术"和"文化"长期以来属于相对平行发展的两个脉络，"打拳者"和"文化人"属于两类人群，两个阶层。打拳练武，无非用来打把势卖艺、看家护院，是下九流的勾当；文化人，读书做官，出人头地，是上层人士的追求。太极拳的出现，"老三本"的问世，改变了这种格局或局面，使中华武术和中国文化最终走向了融合，从而形成一种文化现象——太极拳文化。武禹襄就是其中最杰出的代表，被后人称为太极拳文化的开拓者。因而，本章重点对武禹襄武学思想和太极拳文化的形成以及内涵等做一些探讨，供研究者参考。

## 第一节　武禹襄武学思想初探

### 一、武禹襄其人

武禹襄在太极拳理论创建上做出了历史性贡献，受他的家族和家乡厚重的文化积淀影响。清末，广府城有四大名门望族——武、范、窦、黎。武家，即武禹襄家族，居四大望族之首。武禹襄的上世为山西太谷人，远祖武文举，明洪武乙丑科（1385年）进士，官至刑部主事。建文帝四年（1402年），发生"靖难之变"，随建文帝朱允炆远涉西南边陲，以补锅业为掩护往来于四川、云贵等地，尝尽人世间的酸甜苦辣，仍然从容面对人生。年过90而卒，两个儿子扶灵柩北归，几经波折，最终安葬于广平府城外北廓村。后辈子孙又辗转多地，在永乐年间定居西七急村（位于广平府城之东北）。家资殷实后，七世祖名建功举家迁于广平府城内迎春街置产立户。曾祖名镇，字静远，武生，曾充卫千总。祖父名大勇，字德刚，武秀才，精于骑射。他慷慨豪爽，轻财重义，遇事果断有为，尤其善于排难解纷，极富侠义心肠，声名显于乡里。父亲武烈，字丕承，庠生。事亲至孝，遭遇丧母之痛，哀毁过度，郁郁而终，年仅33岁。有三子一女，子名：澄清、汝清、河清，由母亲武赵氏教养成才。武赵氏为宣化镇君子堡把总赵宏勋之女，幼年时读经书，通达大义。丈夫亡故后，承担起教育子女的重任，训以五经四书。三子不负厚望，瞻材亮迹，文章德义竟爽一门，并声于世，人誉"广郡三武"。

武禹襄，名河清，字表禹襄，号廉泉。行三，乡人敬称"武三先生"。生于清嘉庆十七年（1812年）二月，卒于清光绪六年（1880年）三月。廪贡生，候选训导，以子侄贵赠封中宪大夫、兵部郎中加二级。早春二月生，晚春三月卒，一生与太极拳结缘。历经嘉庆、道光、咸丰、同治、光绪五帝，目睹大清国由强转弱的过程。因为科举受挫，便绝意仕途，志在太极，业绩辉煌，泽及天下。

禹襄博览书史，文采卓著。侍郎朱嶟视学广平府时，对他的文采大加褒奖。他秉性至孝，崇尚侠义，喜好钻研武术。听闻有善拳术者，虽千里必往求学。因祖坟被盗，地方官处置不力，他怒发冲冠，愤争于庭，由此得罪了地方官吏，并累及科考。张榜公告时，竟被无故除名，改为他人。禹襄不服，复又连试京兆，再荐再黜。天理不公，他无可奈何，便放弃科举为官之路。然而，他的才干志行仍然为当时大人所器重。在国难当头之时，得到至少三次可以出仕为官的机遇。咸丰壬子

（1852年），吕贤基大夫奉朝廷命督师江右，肃书持币招入军幕。到了庚申（1860年）、辛酉年（1861年），捻军攻入畿南，尚书毛昶熙、河南巡抚郑元善，先后下书礼请，均婉言相辞。武公早已对官场心灰意冷，一门心思徜徉于武学研究之中。他对流传于广府的大红拳、小红拳、二郎拳、春秋拳、梅花拳、劈挂拳、六合拳、八极拳、形意拳等广泛涉猎、学习、研究、比证，并且常和同郡拳友杨露禅相互交流探讨。1852年，因公赴河南省，绕道赵堡镇，走访陈清平，和他研究炮捶术一月有余，并得其精妙。返里后，精益求精，与杨露禅密切交流、比较、验证、再创造。二公一擅文，一善武，一重理论，一重实践，取长补短，相得益彰，共同完成研创"绵拳"的历史使命。有诗《书剑情怀》称赞武公禹襄：

"虽然豪门一书生，不爱功名爱武公；
天下何少一小吏，武林骤然唱大风。"

又有《武林楷模》一诗赞美杨露禅、武禹襄二公：

"武德高风杨露禅，书剑情怀武禹襄；
天下太极赖二公，武林楷模美名扬。"

武公开文人习武之先河，并开启了武学研究新纪元。他将传统儒家学说融于拳术之中，从而形成一种独具特色的文化现象——太极拳文化。他博采众家之长，勇于创新，师前贤心法，不泥古人步迹，从理论到实践一帜卓树，形成拳小劲捷、紧凑灵巧、势简技繁、术法分明、古朴典雅、端庄洒脱的走架风格。他不求闻达，一生孜孜以求，研拳不辍，直到临终还为侍疾者谈拳论技，娓娓不倦。他重实践，勤钻研，多发悟，总结写出《太极拳论》《十三势架》《身法》《四字不传密诀》《打手要言》《打手歌》《十三势行工歌诀》等经典拳论，被后世尊为太极拳理论体系的奠基人、太极拳文化的拓荒者。然而，武公不以教拳为业，传人仅有二甥：李亦畬、李启轩。

## 二、武禹襄武学思想探源

以上为武禹襄的生平简介，接下来对他的武学思想做尝试性的探究。2009年的春天，在第三届全国武派（式）太极拳高峰论坛（注：笔者受聘担任本次论坛的主持人）筹备工作间隙，笔者陪师父吴文翰、师母陈莹、师兄李树纪（中国武派太极拳养生协会会长，本次论坛投资人）共用午餐时说道：

"太极拳活动每年要举办很多次，但总觉得缺少新意，形式、内容大多雷同。要么轮番表演，要么你讲你的，我论我的。没有主题，缺少灵魂。我认为，每项活动都要有主题、有中心，否则便失去活动的意义。既然是论坛，一定要围绕一个主题，大家发表意见、看法、建议，以求达到共识。"

师父表示赞同，沉吟一下，意味深长地说：

"我们的祖师、太极拳理论奠基人武禹襄老先生的成就还没有引起太极拳界的足够重视。太极拳传人对武老前辈普遍缺乏认识，也包括我们这一流派的许多练习者，甚至对老人家的情况除了姓名之外就一无所知了，这是很值得考虑的。我们不妨就这样一个主题——武禹襄武学思想开展尝试性的讨论研究吧。"

于是，本次论坛便围绕这一主题展开热烈的讨论。共收到论文25篇，后集结成册，名《武禹襄武学思想研讨会论文集》。在此后的时间里，笔者对武禹襄武学思想不断进行思考、探索，认为武禹襄武学思想的形成源自三个方面。

### （一）引文入武——传统文化与传统武术的相互交融

武禹襄出身书香门第，入仕为官是他的最佳出路。的确，他也曾经把这条路当作人生追求的目标。但是，命运弄人，因为得罪了地方官老爷，使他自断科举为官、光宗耀祖的道路，转而研发太极拳学。他是一位儒生，饱读"四书五经"，传统儒学思想根深蒂固于他的心灵深处，规范着他的言行举止。很自然，儒家中庸和谐、贵柔持静的理念顺理成章引入到他研究的太极拳学当中，并因此成为其武学思想的核心内涵。要知道，中国自古以来文武不同道，"文人"与"武士"属于两个阶层，"文化"和"武术"是相对平行发展的两个脉络。只有到了武禹襄的传世拳论中，我们才真正地感受到"文化"和"武术"不仅是直接地，而且是主动地碰撞、互动与融契。武公开引文入武的先河，从而提升了拳术的品味，使习拳、练体、修心、养生、树德水乳交融。换句话说：就是用拳术的肢体语言来传达中国传统文化的内涵。且看他的拳论，语意双关的句子俯拾皆是：

"立身须中正不偏，能八面支撑。""曲中求直，蓄而后发。""有气者无力，无气者纯刚。""气以直养而无害，劲以曲蓄而有余。""内固精神，外示安逸。""须要从人，不要由己，从人则活，由己则滞。"强健体魄，培植正气，涵养品德，身心合修，注重人格的磨练，内在品质的养成，成为太极拳修炼者的最高追求。"立身中正安舒，支撑八面"，即源于《论语》："其身正，不令而行；其身不正，虽令不从。"它要求练拳者身法必须正确，做到提顶吊裆、涵胸拔背、尾闾正中、气沉丹田、虚实分清等，如此。久而久之，则能使人具备一身正气，举止端庄，树立起高尚的武德。所谓"拳以德立，无拳无德"，修炼太极拳就是在修之于德，学会如何做人，怎样为人，如何处事。"从人则活，由己则滞"，"从人"，不是盲从、屈从、驯服，而是顺势而为，"机由己发，力从人借"，它的高妙境界在于"从人仍是由己"（郝月如语录），如此，才不会盲从，不会随波逐流；"由己仍是从人"（李亦畬语录），才不会产生抵触，不会裹足不前。"曲中求直，蓄而后发"，是太极拳由防转攻、化被动为主动的技击艺术，同样，又是处理人际关系的一种方法。宁折不弯、不摧眉折腰讲的是气节，但"曲中求直"，未尝不是一种选择，而且能做到这一点更见功力，方显练达。为人处事能屈能伸，能让能发，能吞能吐，无论顺境还是逆境都能从容淡定，游刃而有余，这才称得上是真真正正的太极拳高手。大家非常熟悉的《三国演义》中的人物诸葛亮堪称第一流的"太极拳家"，最善于运用"引进落空合即出"、粘连黏随、不丢不顶，无论顺境、逆境都能镇定自若，处理事务游刃有余。

武禹襄生前钟爱两幅对联，一幅为："立定脚根竖起脊，拓开眼界放平心。"既是练习太极拳的基本要求，又是堂堂正正做人的基本准则；另一幅是："一等人忠臣孝子，两件事读书耕田。"朴实隽永，家国情怀、翩翩君子之风溢于联外。如今，武公故居的廊柱和内室，仍悬挂着这两幅对联。人们驻足于此，细细品读，感悟一代武学大家的高尚情怀。

## （二）军事思想对武禹襄太极拳理论体系的影响

武禹襄墓表中记载：他"以才干志行为当时大人所器。咸丰壬子（1852年），吕文节公贤基奉朝廷命督师扞发贼江右，肃书币招入军幕，以母老辞。至庚申（1860年）、辛丑（1861年），捻匪窜畿南，尚书毛昶熙、河南巡抚郑公元善，又皆礼辞，不就。"

从这段资料中，我们可以读出两条信息：武禹襄具有一定的作战知识，具备一定的军事素养。这是其一；对于有着家国情怀的武公而言，虽然拂袖战事，但对两军的战况他必然十分关注。这一时期，太平天国运动、捻军的兴起相继将腐败的清政府冲击得摇摇欲坠。太平军打得清兵落花流水，捻军将僧格林沁骁勇善战的骑兵打得全军覆没。此时，出现了一位力挽狂澜的军事家——曾国藩，扶大厦于将倾。他统领的湘军顽强抵抗，由被动为主动，扭转了战局。他在与太平军的作战初期也是屡战屡败，但他不气馁，百折不挠，在"屡败屡战"（曾国藩语）中，逐渐总结出一套战略战术，其指导思想的核心是"致人而不致于人"，以客为主，以静制动，后发制人。他指出："用兵动如脱兔，静若处子。""先自治，后制敌。"最终，得以反败为胜，打败了太平军。在接下来的对捻军作战中，他深知此前导致僧格林沁的骑兵惨败的原因，那种"以快制快"的战术是行不通的。于是，他制定出"以静制动，画地圈牢"的战略方针，从而使以擅长流动作战的捻军，分别被李鸿章、左宗棠的部队所平定。这些军事谋略深深触动了武禹襄，并巧妙运用于太极拳的实践和理论之中，提出了"彼不动，己不动；彼微动，己先动"，以静制动、后发先制的太极拳防守反击技击策略。以守为上，守中用中，"守中待兔"（注：广府太极拳家魏沛霖语），正所谓"静中触动动犹静，因敌变化是神奇"。

### （三）水文化对武禹襄武学思想的影响

武禹襄的家乡广府城是一座水城，它位于四万六千亩的永年洼正中央，近处又有护城河环绕，城方水圆，旱地显洼泽，洼泽润古城。这里烟波浩渺，芦荡蒲青，鸟语花香，锦鳞跃波，稻引千畦，荷香十里。水乡风韵滋润着一方土地，哺育着一方百姓，人民对水有着特殊而深

厚的感情。武禹襄生于斯，长于斯，一生与水结缘，深爱着故乡的这一汪水泊，对水性太了解、太熟悉了。水的灵性，水的灵动，融于他的生活之中，融入他的血液之中，在无形中又渗透于他的拳学理论之中。水是柔软的，平静舒缓时，那么柔和，微波荡漾，轻抚岸边，如同母亲温软的手儿扶拍着婴孩；水又无比的坚韧，滴水可以穿石，波涛汹涌时，呈摧枯拉朽之势，可以冲垮一切。受水的这种两面性的启发，武禹襄悟出了"极柔软，然后能极坚刚"的练功法则，写出了"静如山岳，动若江河"的豪迈语句，这是一种怎样的气概与气势！所以，太极拳行工走架要从柔、从慢练入手，柔和、舒缓，如行云流水，逢隙则入，遇隙则进，其间，内在涌动的力量又是不可估量的，随时可以化作汹涌澎湃之势。所以，练习"太极拳不在样式而在气势，不在外面而在内。"（郝月如语录）"一动无有不动，一静无有不静；视动犹静，视静犹动。"水，是动静相融、柔中寓刚、刚柔相济结合相当完美的物质，所以，太极拳便成为刚柔相济、动静相间、虚实相生结合最完美的运动方式。有人将太极拳称为"水性拳""水的哲学"，其理正在于此。郝月如曾发出"有心求柔，无意成刚"的感叹。看来，太极拳故乡的传承者最能体会太极拳学中水文化的特质了。

武禹襄毕其一生精力致力于太极拳学的研究，将传统文化、军事理论、水文化，以及对人生的理解融于武学之中，构建起较为完善的思想学说，成为武术发展史上的一个里程碑。武公禹襄，是一派太极拳的创始者，但他更像一位哲人，一位思想家。

## 第二节　太极拳文化

太极拳是武术中的国粹，它的内涵已经远远超出一门拳术、一项体育运动的范畴，成为中国文化的一种载体，形成一种文化现象，即

"太极拳文化"。许多人对此作过探讨，但笔者认为研究的深度、广度还远远不够，而且没有达成共识，对其文化思想核心没有足够的理解和认知。有人说它是道家文化的典范，有人说受"易经""八卦"影响，更有甚者与玄学丹道仙术相联系。笔者认为不能全盘否定太极拳与佛、道、释等家没有一点点关系，然而，它的文化精髓显然深受传统儒家学说熏陶，所以，笔者将太极拳称为武术中的儒家拳学。

众所周知，中国文化导源于孔子，他继承古代文化而集其大成，创立了儒家学派。其文化思想的核心理念为"中庸"，学术倡导"经世"。所谓"中庸"，不偏为"中"，不变为"庸"，可见，"中庸"不是折中而半，类似和稀泥，而是反正之和，"执两用中"，教人应知一体之两方面是相对而非绝对的，万不可执一以害事，必须要因时制宜、因势利导。太极拳讲究"守中用中""无过不及""无凹无凸""立身须中正不偏"，如同广府太极拳家魏沛霖所言"守中待兔"，静以待动，以静制动，"一动无有不动，一静无有不静。视动犹静，视静犹动"，所谓以不变应万变。由此可见，儒家的"中庸"思想贯彻修炼太极拳始终，最突出的表现就是一个"和"字。"和"，即和谐、圆融，相对的两个方面互相依存、彼此相融，成为一体，谓之"小和"。这一个个"小和"又互相交融，辩证而统一，构成一个不可分割的整体——大和，即太极拳。

太极拳之和，大而言之是拳术与儒家文化思想的融契。太极拳创始者杨露禅、武禹襄等并非神仙道士、佛门弟子，不通丹道仙术，不信鬼怪仙狐。尽管出身不同，身份有异，但他们无一不受儒家文化思想的影响。武禹襄，包括两位兄长、两个外甥均为儒生，读孔孟之书，学孔孟之道，行中庸之理，自不待言。就是杨露禅及其子侄虽然文化水平有限，但其言语行为绝对脱离不了儒家思想的准则。因为自汉武帝"罢黜百家，独尊儒术"以来，儒家思想就一直规范着中国人的一言一行，根深蒂固于中国人的脑海深处。可以说，没有儒学，中国人就迷失了自我，就失去了中国人的味道，就没有了中国文化的特色。杨露禅、武禹襄之后的继承者如李亦畬、李启轩、孙禄堂、杨澄甫、郝月如、陈微明、郑曼青、董英杰、徐震、唐豪、顾留馨、吴文翰等莫不受儒学思想影响，其研究成果为后人指明了方向。尤其徐震先生撰写的《太极拳考信录》《太极拳谱理董辨伪合编》等，成为当今考据太极拳史的权威著作。

太极拳之和，次而言之使习武与做人紧密结合，它用拳术的动作、用肢体的语言去传达中国传统儒学文化的精义，成为人们修身立德的一种途经。正如武禹襄故居正堂廊柱上的楹联所写：

"立定脚根竖起脊，拓开眼界放平心。"

它既是练拳法则，又是做人准绳，可谓语意双关，内涵深邃。笔者在上文中曾经提到太极酱园，它成立于1932年。李福荫任永年国术馆教员期间，为了至亲好友能有个研习太极拳的场所，商及亲友，筹集资金。他联合武芳圃（名厚绪，字芳圃，武禹襄的侄孙）、武常祺（李福荫外甥）、冷荫堂（李福荫盟弟，肥乡人，河北省立十三中学英语教员）、李召荫（字希伯，李启轩之孙，李宝桓之子，十三中职员）、郝砚耕等，集资2750银元创建了太极酱园，并拿出经营所得中的一部分，作为永年国术馆经费的补充。太极酱园位于广府城东大街道南，廊柱上高悬一联，上书：

"太极生无穷变化，酱院是有味经营"。

该联一语双关，含义隽永，堪称佳联。门庭左右格扇上悬挂两首唐诗，一首为王翰的《凉州词》：

"葡萄美酒夜光杯，欲饮琵琶马上催。

醉卧沙场君莫笑，古来征战几人回。"

另一首是王昌龄的《芙蓉楼送辛渐》：

"寒雨连江夜入吴，平明送客楚山孤。

洛阳亲友如相问，一片冰心在玉壶。"

悬挂这两首诗，有两层寓意：一则因日寇入侵在即，提示修炼太极拳者应有抗敌御侮、保国卫民、征战沙场的积极乐观精神和以身报国的豪迈之情；二是提示太极拳家应有高尚清白的品格、纯洁如冰的操守，不为尘垢所染，不为世俗所移。借古人之诗抒情言志，将研习太极拳艺融于爱国爱民、保家卫国之中。以上诗联为书法家武小宣（名莱绪，字小宣。武禹襄第八孙，清末秀才，工诗词，善书画）所书，诗美字佳，含意深刻，古为今用，耐人寻味，实为"太极拳文化"上佳之作。太极拳的诞生和发展有赖众多文人参与，它使拳术从技艺型向学术和技艺型转变，并由此孕育出"太极拳文化"。历代太极拳传人不再是"把式匠"式的赳赳武夫，更多的则是文质彬彬的儒雅之士。当代更是如此，君不见人民总理温家宝登上广府城，兴趣所至，也手运太极。

　　写到这里，可能有人质疑笔者忽视了太极拳的技击性。笔者不强调技击，并非不能技击、不要技击。假如没有技击功能，太极拳也就不能称其为武术了。笔者反对的是"唯技击论"或"技击高于一切"，因为这属于脱离了和谐中庸理念的偏执观，只能使太极拳发展之路越走越窄，甚至钻进死胡同。太极拳技击独具一格，首先，它的原则是"以柔克刚""制人而不伤人"，所谓"不战而屈人之兵"，即不用绝对力量进行直接对抗的方式来降服对手，而用巧妙技术控制对手，这就是文人或文人气质对太极拳的影响。文人习武，一般实力逊于壮汉，如何去控制强于自己的对手呢？这就必须寻找加大冲击力的方法，达到以最小的能量，发挥最大的效能。太极拳就是运用"五技八法"，在打手实践中造成彼方失重为我所控制的"敷盖对吞"的良好态势。用现代西方系统学术观念解释，即在原材料相同的情况下，最佳组合能够发挥最佳功能。太极拳就是研究不用直接顶撞击打的方式，以柔克刚、巧于制人、以小力胜大力，所谓"牵动四两拨千斤"。其次，太极拳巧于制人、以柔克刚、以小力胜大力的具体策略就是防守反击，采用迂回战术，利用杠杆学、螺旋力、走切线等方法进行"引化拿发"。再次，李亦畬先生在《五字诀》中写道："能从人，手上便有分寸。秤彼劲之大小，分厘不错；权彼来之长短，毫发无差。"显然，这是"知己知彼，百战不殆"方针在太极拳中的具体运用。试想，太极拳的这种技击理念和儒家中庸思想不是非常吻合吗？

太极拳技击之道与养生长寿法完美地融于一体，武禹襄在《十三势行工歌诀》中写道：

"详推用意终何在，益寿延年不老春。"

诚然如此，对于人而言，还有什么比身心健康更重要的精神与物质追求呢？练习太极拳归根结底是心性的修炼、意志的培养、道德的哺育，也即树立信仰的过程。所谓太极拳信仰，即追求一种至真、至美、至善的圆融境界。它不排斥世界上任何一种信仰，也即无论一个人有什么样的宗教或非宗教信仰，都可以加入到修炼太极拳行列之中。它的包容性、融合性是世界上任何一种武技都无法比拟的。因此，当一个人身静、体松、气敛、劲整、神聚进入到修炼太极拳状态时，中国传统儒家"中庸"——"和"的理念，便会像雨露一样滋润人的心田，使心灵得到净化，得到升华。这，就是所谓的"天人合一"吧。

翻开太极拳发展史，在不失技击性的前提下，强身健体、养心怡情的功效始终贯穿于太极拳发展的每一个历史时期。作为武术史上广传太极拳之第一人，杨露禅步出广府，走进京师传拳，正是把握住机遇，切准了时代的脉搏。他强化健身养生功能，吸引了众多达官显贵、富室子弟的眼球，他们争相延聘，纷纷求教，从而使太极拳一举成名，风靡京城。民主主义革命先驱孙中山先生倡导国术，目的就是"强种强国"，强壮国民身体，提高人口素质，凝聚国人之心，保家卫国。新中国成立之后的1957年，国家体委在党和政府的关怀下，创编了"二十四式简化太极拳"在全国推广。接着，杨、武、吴、孙、陈五大流派应运而生，此举之目的正如毛泽东主席号召所说"发展体育运动，增强人民体质"，就是弘扬太极拳运动，健康人民体质。1978年11月16日，改革开放的总设计师邓小平为日本友人题写"太极拳好"四个大字，太极拳运动又进入新的发展历史时期。原国际奥委会主席萨马兰奇写道:"作为中国传统体育项目之一太极拳,现已走向全世界。"太极拳运动在世界范围内蓬勃开展,越来越多国家的男女老少,甚至残疾人纷纷加入到修炼太极拳行列之中。有资料显示,全世界习练太极拳的人数已超过两亿人。这两亿之众,绝大多数是被太极拳优美舒展的姿态、强身健体的功能所吸引。无论是何国籍,无论有何信仰,无论是何党派,无论男女老少病弱残,只要有一片空地,就可以进行锻炼。中国人的传统人文价值观,通过太极拳肢体语言淋漓尽致地表现出来,展示在世界人民面前。

太极拳之和,小而言之是走架行工实践中处处体现"和"的思想,如阴与阳、虚与实、动与静、进与退、攻与守、柔与刚、内与外、大与小、上与下、左与右、呼与吸、气势与精神、技击与健康等,相对的两个方面互相交融构成一个不可分割的整体。太极拳要求行拳柔和舒缓,将拳的"阳刚"通过"阴柔"的形式表现出来,外柔而内刚,刚柔而相济,此为一和;拳势练习绵绵不断,如环无端,上势之结束为下势之开始,势势相联,环环相扣,紧密入微,此为二和;"一动无有不动,一静无有不静。视静犹动,视动犹静",静中触动动犹静,动中有静静也动。动静随己随机变,因彼变化是神奇,动静相融,此为三和;所谓"动",是不妄动。"从人则活,由己则滞""内固精神,外示安逸",外观静若处子,飘若神仙,逸似惊鸿,内则动若江河,滔滔不绝,气势雄浑,内外交融,动中有静,此为四和;所谓"静":一则头脑冷静。冷静,并非脑海里一片空白,什么都不想,而是专注一方,随人而动,感知对手变化于毫厘之间。二则体势松静。"松静",也非空若无物,而是空松圆活,气势饱满如气球,更似水球着地,松而不失其充盈饱满,无角无棱。重心于地面,腰为球之轴心,旋转自如,无懈可击。静中有动,此为五和;实则虚之,虚则实之,外虚内实,彼实我虚,彼虚我实,实中有虚,虚中有实,彼进我退,彼退我攻,进中有退,退隐进机。其间无过不及,过则为人所制,不及则无粘依之效,必须不后不先，恰到好处，如此，粘依才跟进轻灵，方见落空之妙。虚实进退，相合相溶，此为六和；专心致志行拳，如同中规中距做人，放平心态，有始有终。虽然是攻防之术，实则为了强身健体，养性怡情，练武与健身相融，此为七和；攻防有道，进退有术，制人而不伤人，强身为了健体，健体为了养身，养身为了养心。身心合修，以求达"益寿延年不老春"的目的，此为八和；太极拳之和体现于方方面面，招招势势，一举一动，一颦一蹙，非八和所能概全。走架行功是行拳，不走架练功时同样保持一种行功心态，此即"行止坐卧皆行拳"。正所谓人如其拳，拳如其人，拳如其品，拳人合一，这也是一和。有此九和，则太极拳文化内涵已经有所领悟了。

接下来探讨一下历代诸多文人参与修炼研究太极拳的原因。

我们知道，"老三本"中第一篇拳论是《王论》，这是太极拳的开山之作，被研习者奉为圭臬。上文已作过分析，该论深受儒家中庸学说的影响。吴文翰先生的研究高屋建瓴，他指出：

"中国是礼仪之邦，古人非常重视个人的道德修养，要求通过学习和实践，培养良好的思想品德，正确处理个人和社会关系。《大学》一书提出的'格物、致知、诚意、正心、修身、齐家、治国、平天下'，就是以修身为中心，强调个人品德修养的重要。《中庸》一书阐述的思想源于孔子的'过犹不及''中立而不倚'。朱熹解释说：'过则失中，不及则未致'，主张'量度以取中'。受这一思想影响的太极拳，其运行之法是无过不及，其正心之道为戒躁有静。立身求中正之道不偏不倚，八面支撑；拳势尚质朴之风至简至真，老少咸宜。内则欹和守中，心静神怡；外则轻灵圆活，姿态优雅。独立如旭日之东升，下蹲似巨钟之扣地。手运八法，步践五行；静如山岳，动若江河。拳风自然，劲不外露，始而意动，继而劲动，转接则一线贯串。无凹凸，无缺陷，无断续，颐养其浩然之气。此皆古人正心修身、崇尚实用思想在拳论拳法中之具体运用。"

右为吴文翰先生，左为《太极》杂志主编张磊女士

用意、蓄神、养气是太极拳的修炼要点之一。《十三势行工歌诀》写道："势势存心揆用意。""刻刻留心在腰间。"武禹襄《打手要言》中说："神舒体静，刻刻存心。""内固精神，外示安逸。""以气运身，务顺遂，乃能便利从心。""心为令，气为旗，神为主帅。"李亦畬《五字诀》中把"心静"列为第一，指出："心不静则不专，一举手前后左右全无定向，故要心静。"又云："挨何处，心要用在何处……此全是用意，不是用劲。"太极拳先贤在拳技中把用意提升到很高的水准，由此延伸，形神兼备也成为太极拳走架打手的重要法则。形，指外在形体；神，指内在精神。南朝范缜（约450—约510）说："行者神之质，神者形之用。是则形称其职，神言其用。神之与形，不得相异也。"（《梁书·范缜传》）形质而神用，说明了形和神的相互关系，导致太极拳家走架打手要做到神到、意到、形到，身法正确，神意俱到。平时练习，眼前无人如有人，不能随意"改易阔促""错置高下"（晋顾恺之语），只有形与神合，练拳才能进步迅速。

作为武术，太极拳的拳理拳法离不开兵家奇正虚实之术。《孙子·兵势》云："混混沌沌，形圆而不可败也。"意思为两军交锋，我做环形防御，敌则不易攻克。因为"圆"运用灵活，力量最大。太极拳走架打手处处求圆，成为其特色之一。战阵不外攻守，练拳也如此。太极拳打手时时注意守中用中，保护自身中线不遭破坏，刻刻蓄意用中，摧毁对方中线，迫其败北。用兵之道，不外奇正变化，"凡战者，以正合，以奇胜。""战势不过奇正，奇正之变不可胜穷也。"（《孙子·兵势》）所以，太极拳家以掤捋挤按为四正，以採挒肘靠为四隅（奇），四隅八法变换如环无端，"不可胜穷"。

此外，医家经络气血之说，文人诗情画意之美，也莫不融化于太极拳理之中，再加上传统儒家文化，它们交相融合形成一道亮丽的风景——太极拳文化。正如吴文翰先生所言："在太极文化的指导下，太极拳遂以阴阳学说为本，中庸之道为法，陶冶情操为旨，养生固气为体，松静自然为形，心意导势为要，刚柔兼备为主，空松圆活为妙，巧于制人为用。直养其浩然正气，涵养其精神思维。诗三百，曰：'思无邪，唯守其正。'武技实系余事，虽毵毵犹能御众。由此可见，太极拳乃文人自卫、健身之术、风雅之事，太极文化之最佳体现。"

最后还是用吴文翰先生的语录为本文作一小结：

"纵观中外人士迷恋于太极拳者，大多崇尚太极文化，意欲通过太极拳的研究，进而探索宏大高深的中华文化。视研习太极拳为学术之求索，此为太极拳独能盛行于知识阶层之原因。"

"太极拳"已经成为传播中华文明的载体，成为世界人民所共知的、具有中国文化典型特征的元素和符号。

伟哉，太极拳！

## 第三节　古城　水城　太极城

广袤的中原腹地，有一座古老的城池，从2600多年前款款走来。那时，它叫曲梁。崇墉百雉，历尽风雨沧桑，如今依旧气定神闲，彰显出北方特有的苍凉与霸气。

这座古城雄踞于永年洼的正中央，孤城岛立。所谓：旱地显洼泽，湿地润古城。它，是一座水城。水城自有水乡风韵，毓物呈祥，钟灵神秀，和谐自然。一望无际的芦苇荡，青青的蒲草，烟煴的水汽，弥漫着湿润细腻与柔媚的气息。

清中晚期，这里诞生了两位武学大家：杨露禅、武禹襄。因为他们，太极拳才风靡全世界，惠及整个人类；因为他们，太极拳文化才应运而生，感动五湖四海。这里，就是闻名遐迩的太极拳圣地——广府城。太极拳行云流水，如甘泉润泽心田，似一幅画卷，天工造物，意境高远，传递出中华文明的包容与大度。

古城、水城、太极（拳）城，如此相映成趣，这般水乳交融，构成世界上独一无二的人文景观。

来，让我们走近这座神奇的城池，倾听历史的回响，领略平原水乡的异样情调，沐浴太极拳的灵光细雨……

广府日出

## 一、古城铸雄浑

广府见于史书中的第一笔记载，这样写道：

公元前594年，"六月癸卯，晋国荀林父败赤狄于曲梁。"

如此算来，它至少有着2600多年的历史。曲梁，因为"洺水环绕，堤围其周而得名。"周朝属晋，战国时归于赵。北齐文宣帝时，将广年县并入，改曲梁为广年县。隋仁寿元年（公元601年），杨广登基，为了避皇帝的名讳，易广年为永年，取"国祚长久"之意。隋朝末年，河北起义军领袖窦建德据守永年城，并定都于此，建立大夏国，自称夏王。如今城内的隋唐建筑早已荡然无存，然而，仍然有东宫街、西宫街等街道名称，这是大夏国的遗迹。当时，永年城虽然是土城，但已经具有相当的规模，长六里二百四十步。明清时期的府衙，曾经的永年县第二中学所在地，便是窦建德建立的皇宫——万春宫原址。万春宫背靠北城墙中段，此处为城池的制高点，称为"元山"。有学者考证，这是夏王所为，意为皇宫倚山而建。2005年春，在广府体育场挖掘出当年窦建德为迷惑敌人而建的藏兵洞。窦建德被李世民设计擒杀，部将刘黑闼继续反唐，号称汉王，两次在这里建都。因此，永年城有三次定都的辉煌历史。唐宋时期设立广平郡，唐代宗李豫、宋高宗赵构登基前都曾驻守于此，充任广平郡王。元朝设广平路，明代为广平府所在地。由此，民间便习惯简称这里为"广府城"。明朝成化年间，知府熊怀修葺护城河，知府李进浚池引水，种荷植柳。明嘉靖二十一年（1542年），知府陈俎增高城垣，以砖石筑之，并扩大建城规模，周长九里十三步，建城楼、角楼各四座。嘉靖四十三年（1564年），知府崔大德为防水患和战事，修筑城外大堤以及瓮城。明清时期的广平府，下辖九个县，其中，永年县的治所，也设立于广府城内，从而形成"府县合璧共一城"的独特政治景观。由此可知，曲梁城、广年城、永年城、广府城，是不同时期对这一座城池的称谓。随着时代的发展,"广年城"之名早已淹没在历史的长河中,"曲梁城"的名称只偶尔出现于文学作品或者某人的名号之中。比如,笔者的师父吴文翰,他在文学上的授业恩师是广府知名人士仝酉泉夫子,仝老夫子晚年自号"曲梁散人",与友人书写小件作品,均署此名。还有笔者发表的文章有时署名"曲梁"。再如,清直隶总督方观承的那篇著名诗作:

"稻引千畦苇岸通,行来襟袖满荷风;

曲梁城下香如海,初日楼边水近东;

拟放扁舟尘影外,便安一榻露光中;

帷堂恚气全消处,清兴鸥鱼得暂同。"

方观承碑

诗中的"曲梁"当然是指广府，这里的美妙景色，让这位勘察蝗虫灾害的总督大人陶醉其间，暂时忘却了朝堂公务的烦恼。永年城、广府城的名称一直沿用到今天。不过呢，永年城的说法也在逐渐消失，现多在本地流传，外地人都是慕广府城的大名而来。停车驻足城外，一座虎踞龙盘的古城展现在眼前，心灵震撼的冲击无以言表。历史于此刻似乎变成永恒，又回到了刀耕火种的简单与纯朴，又回到了金戈铁马的峥嵘岁月……

广府古城东南隅

广府城始建于什么年代，已经无法查考。《广平府志》中这样记载道："广郡故城创自李唐以前，元时始扩而大之，明自成化后迭加增修，规模益具。"

原城为夯土墙体，周长六里二百四十步。步，旧时的长度单位，一步等于五尺。六里归于建制。旧时，县可建城，长六里许；县以上，如郡、府等，城墙长九里有余；皇城，也只有皇城才能超过十

土城遗址

里。建制就是等级，万无僭越之理。

相传，当年筑土为城时，为了加固墙体，便用糯米汤拌三合土，再加入一定比例的鸡蛋清。当代人对此产生怀疑，那个年代，建诺大一座城池，不亚于今天的葛洲坝工程，那得需要多少糯米熬汤、鸡蛋清做配料。师父吴文翰原籍邢台，即明清时的顺德府。顺德府城墙也是用糯米汤拌三合土而建。新中国成立后拆毁城墙时，吴师曾见过留有糯米的遗物。不过，笔者在这里要说的，是不是糯米熬汤、蛋清作配料，其实并不重要，重要的是至今仍然坚如磐石的土墙体，令人惊叹，使人肃然起敬。难道不是吗？现代化的钢混结构在它面前也只能俯首称臣。这，就是历史，可以目睹、可以触摸的历史！

还有更神奇的传说。相传，初建此城时，城四角藏匿着四头神异的卧牛，所以广府城又叫"卧牛城"。每逢洪水来袭，四头卧牛便会齐心协力负城而起。水涨一指，城高一寸；水涨十尺，城起一丈。洪水再大，也休想淹过城墙。话说那一年发大水，千年一遇。水势越来越猛，负城的神牛精疲力竭，快支撑不住了，情势万分危急。此时，惹恼了关帝圣君，关老爷显灵了。他骑上赤兔千里马，手提青龙偃月刀，奔上城头，手搭凉棚向远处眺望，但见，城东北方向波浪滔天，一个巨大的鳖精率领着虾兵蟹将正在兴风作浪，引着洪水玩儿命似地扑向广府城，真的是一片汪洋似大海呀！关老爷勒住坐骑，扬手点指老鳖精，高声断喝："咄！好你个眼花耳聋的老乌龟。玉帝命你水淹'湖广四川'，你却来扰俺广府四关，是何道理。还不快快退去，更待何时！"

关老爷声如洪钟，老鳖精尽管耳背，这次听得清清楚楚。暗想：呃，淹错地方了。于是，遁身形消失得无影无踪。洪水随之而退，广府水患解除。就在老鳖精遁形潜身之处，形成一个水塘，这就是黑龙潭。当然，黑龙潭的成因肯定不是老鳖精所致，但此潭的确有点儿怪异。请看清光绪《永年县志》中记载：

"黑龙潭在城东北三里，其水深黑。相传有怪兽居之，祷雨辄应。康熙七年（1668年），大水决堤，有巨鳖浮出，官民祭之以为神。水落后，潭广于旧。"

明代白南金曾游黑龙潭，赋诗写道：

"鸟尽千林日影疏，龙湫水阔近村墟；

凭谁唤起西门豹，引凿田间十二渠。"

龙潭风雨，也就成了广府八大胜景之一。老人们常讲，黑龙潭的水是和东海龙宫相连的。当然，这没有什么科学道理，不可信，但是，此潭多生乌龟是事实。而且呢，即使遇上大旱之年，潭水枯竭，可一旦遇雨成塘，乌龟很快多得数不胜数。多少年了，人们不知其故，越传越神奇，最近几年，谜底揭开。因为，近二三十年水位不断下降，黑龙潭已经干枯好多年了。但是，靠近"潭"边的裴屯村，村民盖房深挖地基时，常会挖出隐身于潮湿地穴中的乌龟！它们依然存活着，藏身于深深的泥土之中。等待水满黑龙潭，重见天日，重获自由，再现"龙潭风雨"的胜景。传说神话当然不是历史，然而，口头文艺丰富的地方，往往凸显出这个地方文化与历史的厚重。因为，传说自有传说的来由，未必全是空穴来风；神话自有神话的道理，常与现实有某种吻合。试看广府城，建于洼淀之内，地势如此低洼，而史书中又的确没有水淹广府城的记载。百姓们倍感奇妙，编出许多故事来，这就不足为奇了。其实呢，道理说起来又很简单。为什么大水淹不了广府城呢？就因为城墙高筑，远超过周围大堤以及周边所有村庄的高度。再加上本地地形属于太行山余脉，西南高，东北低。洪水来了，自然会很快地顺势流走，由天津而入海，当然漫不过城墙。正是因为如此，神牛驮城、关公退水等故事才会美妙诞生。

广府城建成后，历朝历代均有不同程度的修缮。元代，归属于中书省广平路，侍郎王伟任郡守时，扩大为九里十三步。明代改为砖城，西城门东南侧碑刻依稀可辨，上写：

"大明嘉靖二十一年（1542年），知府陈俎修砌此城。"

陈知府改修砖城时，共动员了辖区九县民工，耗时十三年才得以完成。修城之始，需要大量的石碌子用来筑基，一时难以筹到，怎么办？陈知府灵机一动，计上心头。贴出告示，用大米来换取石碌子。大米，对于当时北方的老百姓而言，那是难得一见的奢侈品。于是，各县百姓奔走相告，纷纷推着独轮车来送石碌子，换大米。不久，供大于求，已经停止收购了，还有人从四面八方赶来。当得知换不成大米时，这些人顺手就把石碌子丢弃到田间、路边、村头或者街口。

**砖城基石**

友人周志全第一次来广府，他是一位善于观察事物的人，发现城里城外随处可见的石碌子，很是纳闷，听我一番解释，他才恍然大悟。是啊，这些几百年前遗弃的石头，本地人已经司空见惯了。它们或蹲在街角，或斜倚路边，或置于门前，或固定着什么物体，默默无闻，目睹了近五百年的世事沧桑巨变。且当珍惜，别等消失了才觉得弥足珍贵，老物件儿毁了就不再来。新建的"文物古迹"再宏大、再精致，也不可能具有阅尽沧桑的、岁月磨痕的自然之美、自然之韵，能留住的，一定不要人为地糟蹋和摧毁,哪怕这些不起眼儿的石头,也是一段无言的历史记忆与倾诉。

大明嘉靖四十三年(1564年),知府崔大德为防水患和战事,又修筑城外的大堤和瓮城。一座城池五门楼,遥相呼应,四角楼对峙,八重门险关,城高壕深,易守难攻。瓮城建造的目的是拱卫城门,广府东、西瓮城之门坐北朝南,南、北之门坐西朝东。敌军如果要从正门而入,必须先攻破瓮城之门。而瓮城外的第一个城弩(即城墙向外突出的部分),距门洞恰为一箭之地,守城者由上而下射箭,正中入侵者,而攻城者由下而上射箭则处于劣势。即便攻城者进入瓮城,闸板一落,也会成为"瓮中之鳖"。如此布局,再加上广府城高,护城河水深且宽阔,外围又是洼淀水域,的确易守难攻。因此,无论史料记载还是口头传说,均无破城之事。

**广府城东瓮城**

广府城建筑布局充满阴阳变化之理,太极拳"曲中求直""走化制敌""曲线制敌"的理论与之不谋而合。这,难道就是历史积淀的点化和反映吗?旱地中的洼淀,湿地里的古城,正所谓:阴阳和,太极生。

历史的演进与自然的巧合，成就了中华国粹——太极拳在广府的发祥，这是广府奉献给全人类最重要的瑰宝。

明清时期，城内街道又多次进行改造和增建，广府城以及城内建设到了清末形成最完整的规格建制和格局，所谓"四大街，八小街，七十二道小拐弯儿（即小胡同）"。街巷相连，四通八达，"三山不显，四海不干""四门九狮子，八步三眼井"，设计巧妙，独具魅力。"广府八景"远近闻名：聪山蕴秀、滏水流乡、稻引千畦、荷香十里、毛冢高风、夕阳晚照、奎阁凌云、龙潭风雨，引无数文人墨客流连忘返、赋诗作画。蔡邕、郑板桥、李白、白居易、孟郊、苏轼、范成大等提笔赋诗作画，留下千古篇章。

蔡邕《夏承碑》刻拓片

在历史的长河中，许多伟人的足迹在广府走过，一个个普通的小村庄，因为留有巨人的脚印而载入史册，串联起来，构成广府一幅波澜壮阔的历史画卷。

毛遂，因毛遂自荐的典故而千古流芳。申佳允（1602—1644），原名佳胤，字孔嘉。因避清世宗胤禛讳，改作佳允。遗著有《四书铎》《诗经铎》《君子亭诗集》等。广府西街人，明崇祯年间任太仆寺丞，曾作诗赞毛遂：

"一剑横阶气若何，平原轻侠尽消磨；

铜盘热血惊蛮楚，锥颖英魂壮滏河；

碑自苍苍看独峙，也多碌碌许谁过；

几回凭吊胶南墓，野村虹光满碧萝。"

**毛遂自荐**

然而，对于广府人民而言，他们世世代代怀念毛遂，并不是因为他自荐的勇气和胆识，而是他为官勤勉，一心为民，治理水患的壮举。广府自古多水患，周围村庄年年被水淹。毛遂居官于此时，了解到十年九涝的灾情，决心根治洪水。他深入实地勘察，走访民间隐士，很快掌握了第一手资料。这里为滏阳河、洺河、支漳河交汇处，每逢雨季，连绵多日，加上滏阳河、洺河容易决口，从而造成洪水泛滥成灾。毛遂决定采用大禹治水的方式，除了增修堤坝、植被护坡外，更多地采取疏通、拓宽、开挖河道的方式，使各河渠互通相连。另外，为了防止滏阳河决口，重新加固河堤，将河堤黄土更换为本地黏性很大的红胶泥土。赵王闻听此举，大为赞赏，称滏阳河"乃铜帮铁底"。毛遂逝世后，安葬于滏阳河北岸、广府城西南2.5公里的大堤之内。原墓高三丈，周围青松翠柏，墓前月牙小河，河上建一小石桥，墓后一片杨树林。毛冢高风，便是此处的真实写照。

莫邪、干将，举世闻名的雌雄双剑。位于广府城南2.5公里处的韩屯村，便是春秋时期的干将铸就千古名剑之处。当年的铸剑池，群众称为蘸剑池，它的遗迹一直保存至20世纪末。此地聚落成村之后，最早是叫作"干将城"，俗称韩子城。明清时期，改为韩屯，一直沿用至今。

借马庄，因汉光武帝刘秀借马脱险而留名青史。西汉末年，刘秀到河北安抚郡县时，与邯郸王郎发生冲突，兵败后仓皇北逃。王朗率众穷追不舍，发誓不捉刘秀不收兵。刘秀慌不择路，单人独骑逃到广府城东北五公里的菊花村。此时，他的坐骑实在跑不动了，趴在地上只剩喘气的份儿。后面追兵甚急，这可如何是好？就在这生死攸关的时刻，一位好心的村民将自己的良驹相借，刘秀换上宝马，一眨眼，跑得无影无踪，王朗只能望尘兴叹。公元25年，刘秀登基，建立东汉王朝。他没有忘记那位村民的搭救之恩，赐予金银，还特别赐村名为"借马庄"。不过，在老百姓的世代相传中，这段虎口脱险记更加神奇。刘秀借来的不是凡间之马，而是庙里神仙的坐骑所变。不信？刘秀当年安全回城，再瞧庙里的泥马，通身尽湿。神马救主，千真万确呀！

李世民，开创贞观盛世的一代明君。他曾在广府马失前蹄，中了埋伏，差点儿丢了性命。窦建德，隋末农民起义军领袖，他的胞姐就是唐朝开国皇帝李渊的皇后，李世民的母亲。窦建德据守永年城，将来犯的宇文化及打得屁滚尿流。唐初，窦氏自立国号大夏，定都永年城。李世民率部久攻不克，一筹莫展，于是，调整策略，转而进攻驻守在洛阳城的"大郑皇帝"王世充。公元621年，窦建德不听臣下劝阻，贸然出兵救援危难之中的王世充。这一下，正中李世民的下怀，陷入唐军早已布下的口袋阵，窦建德被生擒，于公元621年8月斩于长安。李世民以为永年城唾手可得，岂料，窦氏余部依然骁勇善战，刘黑闼曾两次占领永年城，复建大夏国而反唐。有一次，刘黑闼借突厥之兵，将李世民及部下重重包围在城西一村，岌岌可危。就在此时，当地一部分村民自告奋勇前来引路，协助尉迟恭从包围圈最薄弱的地方杀开一条血路，突围成功。627年，李世民做了皇帝，特颁旨意将此村命名为"护驾村"。现在该村分成南护驾、北护驾两个自然村。

元朝至正十一年（1315年）五月底，广府城西白鹿庄发生一起惊天动地的大事件。这一天，刘福通率三千之众在该村誓师起义，公推韩山童为明王。韩山童此前因为利用白莲教发动农民起义而被贬白鹿庄。起义军全部头裹红巾，韩山童、刘福通在台上杀白马、黑牛以祭天，台下一片红巾似火。这就是历史上有名的红巾军大起义。他们誓师的白鹿庄，现在分成两个自然村：白庄和路庄。

古代作战图

李连喜（1925—2015），乡人敬称"喜老"，他对发生在广府的掌故了如指掌。每当谈起燕王朱棣，一向面带笑容的喜老神色突然变得凝重起来。朱棣率军北上事件，那叫燕王扫北，真是惨无人道。所过之处逢人便杀，一个不留，血流成河呀！广府周边的村庄也没有幸免。那一天，燕王率众杀到城东北一个村庄时，不知何故，他手下一位谋士极力劝阻燕王手下留情。可能朱棣杀人太多，此时杀得有些累了吧，居然网开一面，保全了一部分村民的性命。事后，这些人感恩不尽，千方百计打听这位谋士的情况，最后只知道他姓陈。于是，众人合议后，将村名改成了"陈义村"，以纪念这位陈姓谋士的救命之恩。如今，这个村子扩大成两个自然村：前陈义和后陈义。1403年，朱棣当了皇帝，他就是明成祖。不久，下诏从外地移民去填补这些杀绝了的空白村庄。广府周边的无人区，是由山西洪洞县移民而来。直到今天，这里的百姓仍然知道他们的祖先在洪洞县，那里有一棵参天蔽日的老槐树……

咸丰三年（1853年），清廷内忧外患，广府辖区匪患猖獗。为保一方平安，乡绅武汝清兴办团练，出巨资铸重炮、抬枪等火器。他的三弟武禹襄负责训练乡勇，教习拳脚枪棒，匪众闻讯，莫敢来犯。其后，太平军、捻军部队也望城而生畏，只得绕城而走，从而使一城百姓多次免遭战乱之苦。

广府历来文臣武将辈出，代不乏人。沮授（？—200），三国时代著名的谋士，最早提出"挟天子以令诸侯"的主张。刘遐，东晋元帝时期龙骧将军、平原内史，冀人仰畏其勇，将他与张飞、关羽相媲美。刘藻，北魏太尉司马。荀士逊，《典言》作者之一，北齐后主时的中书侍郎。宋庆礼，唐代武后时期营州都督，追赠工部尚书。贾公彦，唐高宗时期太学博士。高正臣，唐睿宗李旦最推崇的书法家，官至卫尉卿。司空曙，字文明（702—约790），进士，著名诗人，唐大历年间十才子之一。宋申锡，字庆臣（？—833），唐文宗时官至右丞相，唐武宗会昌二年（842年）赐谥号"贞"。解晖，五代时期先随世宗柴荣征服淮南，后随宋太宗攻太原，封右千中卫上将军。李椿，字寿翁，南宋名臣，官至敷文阁直学士。董师中，金章宗时期御史中丞、吏部尚书、参知政事进尚书左丞。吴元珪，字君章（？—1323），元初枢密副使，赠荣禄大夫，追封赵国公，谥号"忠简"。王磐，字子炳（1202—1294），性情刚毅，富有文才，直言敢谏，不事权贵，被人誉为"佐政名臣"；元世祖年间，官至右丞相，追封洺国公，谥号"文忠"。何荣祖，字继先（1221—1299），体貌魁伟，额头长有赤纹，犹如双树，背负隆起，人皆称奇；他是著名法学家、政治家，大德律令的制定者；元成宗时任书侍御使、御史中丞、山东道按察使。蔡国熙，明嘉靖年间理学大家。连矿，明代总河都御使，人称"连都堂"；治河有功，声名显赫一时。卢大中，明代南京工部侍郎，为政清廉。杜秉彝，明嘉靖年间刑部员外郎，以法度严谨、铁面无私而著称。宋范，字希范，明隆庆、万历两代帝师，人称"宋国师"。杨鹤，连矿的老师，德才兼备，执教一生，培养出三位进士、八位举人，誉满全国。申佳允，崇祯年间吏部文选主事、南京国子博士、太仆寺丞；闯王进京时，以身殉国，追封"端愍公"，著有《文集》四卷。张盖，字覆舆，又字命士，号箬庵，"广平六才子"之一；明末著名诗人、书法家，厌恶科举，终生不仕；其草书力追怀素，世人皆称"高出秀光，明代第一"；著有《柿叶庵诗集》。申涵光，字孚孟，别号凫盟；申佳允长子，"畿南三才子"之一；明末中恩科拔贡，为了保全名节，拒做清朝官吏；隐逸山林，中庸处事，精研经史，潜心文学创作，为清初河朔诗派领袖；他的诗刚柔相济，兼具豪放与婉约；魏裔介、顾炎武、傅山、孙奇峰等名士都是他的忠实粉丝，被人誉为"理学名儒""一代完人"；著有《聪山集》八卷，收录《四库全书》，另有《荆园小语》若干卷。冀如锡，字公冶，清顺治二年（1645年）进士，官至都御使、工部尚书等职。武汝清，字酌堂，清刑部四川司员外郎。胡景桂，字月舫，思想进步，反对封建礼教，因劝寡嫂改嫁而名世；清翰林院编修，擢升监察御史，曾任山东布政使、山西巡抚；著名书法家，曾代新科状元为慈禧题写扇面；支持康有为、梁启超的主张，拥护变法维新；因为弹劾袁世凯，遭奸臣陷害，吞金自杀。胡汇源，字海门，胡月舫之侄；早年留学日本早稻田大学，追随孙中山先生加入同盟会，为民国时期的风云人物。仝宝廉，字酌泉（1871—1947）；晚清举人，书法家，曾任河南巩县知县，著有《公文式》一书，是我国文书学的奠基人；"七七事变"后，应乡绅范述圃之邀莅邢台"颐养书屋"教书，并协助编修《邢台县志》……

图六十七：清代冀如锡诰奉

冀如锡诰封圣旨

胡景桂书写的对联

说不尽的历史岁月，道不完的典故传奇，数不尽的英雄豪杰，人杰地灵的广府城，见证了26个世纪的跌宕起伏。广府经过一次次的战火洗礼，依旧那么壮美，依旧那么迷人，这，难道不是一个奇迹吗？

壮哉，古城；大美，广府！

## 二、水城钟灵秀

广府是一座平原水城，不是江南胜似江南。尽管这里比不上江南水乡小桥流水的精致与婉约，它更多体现出来的是大气磅礴的波澜壮阔之美，独具情致，别有韵味。

永年洼，河北省三大洼淀之一。南北较长，呈长方形，最低处海拔仅41米。总面积为16平方公里，常年积水4.5平方公里。传说，在那遥远的古代，这里本是瀚海岛国。岛上有三座山头，呈"品"字型，松柏成林，苍藤翠蔓，萦络摇曳。斗转星移，时过境迁，沧海变桑田，水退成洼淀。大约在春秋之前，此处被兵家看中，于是征调民工，劈山动土，随高就低建起一座城池，城内"三山不显"的景观，就是当年三座山头的遗存。所谓不显的"三山"，指城里三处隐形的高地：府前口、县前口、囤市街口。还有一处没天院，留有一片古松林，至民国初年还蔽日参天，当然现在已经不复存在了，空留没天院之名。永年洼周围筑有大堤圈，用以防止水患，最早的大堤圈建于1300年前。《永年县志》记载："护城堤相传筑自夏王窦建德。"

窦建德，有必要再多介绍几句，因为他是广府人心中的一代枭雄，大夏国的皇帝。他体恤百姓疾苦，常常深入到群众中去。炎炎夏日里，有一天，他外出巡视，遥遥看见一位老翁和少年正在烈日下耕作，便下马来，亲自驱牛扶犁，当了一把子农夫。这就是著名的历史故事——夏王扶犁。夏王仅仅在作秀吗？不，他回宫之后，立即颁布诏书，军中马匹，凡休战时，一律提供给百姓耕田使用。此举备受人民拥戴，也让世世代代的广府人记住了夏王窦建德。

永年洼周围有河流，主要为滏阳河、支漳河、洺河。前两条河在城南，洺河位于城北，三条河自西向东川流而过。《山海经》云："神麇之山，滏水出焉，东流注入欧水。"

滏阳河发源于邯郸峰峰的鼓山及神麇山下的黑龙洞，曲曲弯弯，最终由天津入海。它的源头"泉流奋勇，若釜之汤汤，故以滏名"。滏阳河之南有支漳河，光绪三年《永年县志》记载："漳河故道在滏阳河之南……或十余里，近亦数里。"

洺河古称寝水，也称漳水。《水经注》曰："洺水之目，不知谁改。俗谓山下，地名洺，故曰洺水。"

三河汇流，东西贯通，九曲十八弯，滋润良田万顷。尤其以滏阳河最为驰名，被称为广府的母亲河，得益于"她"的恩赐，才有了"滏水流乡""稻引千畦"的美丽与富饶。洼淀之内，浅植芦苇，深种蒲草，荷香十里，鱼虾共生，蛙唱鸟鸣。"曲梁城下香如海"，那是何等的壮美！

滏水流乡

有河必有桥，府城周边除了四座吊桥外，还有弘济桥、府南桥、护驾桥、卢家桥、砟子桥、长桥等大小桥梁十余座，其中，以弘济桥的名声最大。弘济桥，又名府东桥，"弘济者，广泛救助也"。修桥之时，四面八方，捐金援人，共同奋战，所以取名叫作弘济桥。又因为建在府城之东，故而也叫府东桥，简称东桥。原来为冀鲁两地的交通要塞，"又赖滏水，上达磁邯，下通津卫"（《广平府志》），行旅通商极为方便。该桥始建于何时，不见记载，明万历十年（1582年）重修。栏板中部写有"弘济桥"三个大字，落款题写"推官公家通判周萍周知望选广平府贾应壁重建；万历十年岁次壬午十月吉日"。弘济桥重建后，一直到20世纪末，车辆畅通，是一方交通要地。

人常说："赵州桥，鲁班修。"岂不知，广府还有"弘济桥，鲁妹修"的动人故事。话说当年，鲁班是大名鼎鼎的建桥专家，全国各地的大型桥梁都请他去设计建造。鲁班的妹妹，人称鲁妹，聪明绝顶，她从小跟哥哥学桥梁设计，深得真传，成人后，常为哥哥出谋划策。鲁班受命建造赵州桥，因为河宽桥长，拱券跨度大，通过好几个昼夜的攻关，才设计完成。不料，鲁妹看后，认为还有不足之处。鲁班哪里肯信，自以为得意之作，岂容你个黄毛丫头指手画脚，还真不知天高地厚了。兄妹发生争执，鲁妹一气之下，离家出走。这一天，她来到广府城东滏阳河畔，只见河面宽阔，水流甚急，河上没有桥，真是一水隔断两岸人。于是，鲁妹决定在此修桥，要和哥哥一比高低。当地百姓闻讯，莫不欢欣鼓舞，他们奔走相告，出钱出力，十分踊跃。大家同心协力，截水改道，鞭山赶石，披星戴月，夜以继日，奋战一千余日，终于建起了这座造型美观、气势宏伟的弘济桥。单从外观来看，它和赵州桥似乎别无二致，但内部构件上却技高一筹。它的独到之处在于石与石之间、券和券之间，使用铁束腰（俗称铁楔子）相连，这样，便使大桥连成一个整体，增加了稳固性。不久，张果老骑驴桥上走，验桥来了。结果呢？赵州桥差点儿被压垮，而弘济桥稳如泰山。此时，鲁班才心服口服，向

弘济桥

妹妹赔礼道歉。瞧，每当雨后彩虹，还可以看见兄妹并肩站在桥头的影子……

故事着实美妙动人，事实当然不是如此。赵州桥的建造者叫李春，根本不是鲁班。当然了，弘济桥也非鲁妹所建。那会是谁呢？斯人已去，早已淹没在历史的长河中。今人所能知道到的，弘济桥比赵州桥的建造年代略微晚一些，但单孔跨度比赵州桥略长，工艺更进一步完善。千余年来，人流如织，车水马龙，历经风霜雨雪及地震的考验，坚不可摧，屹立不倒，真可谓气贯古今。

阮仪三，同济大学教授，著名的文化遗产保护者。目睹此桥，赞叹不已，说道："精品中的精品，世界罕见！"

看，弘济桥横跨滏水之上，辅拱双翼，单拱飞驾，如同长虹卧波；雕刻工艺炉火纯青，精湛绝伦；打磨显现的美玉，熠熠闪光；惊现于世的角石类、三叶虫化石，令人啧啧称奇；地犷牛报警器，是天然形成，还是古人智慧，令人浮想联翩；有块石栏板，可以敲击出美妙的金属之音，被人誉为"音乐石"；还有那道道纤痕，记录下曾经的繁华景象……

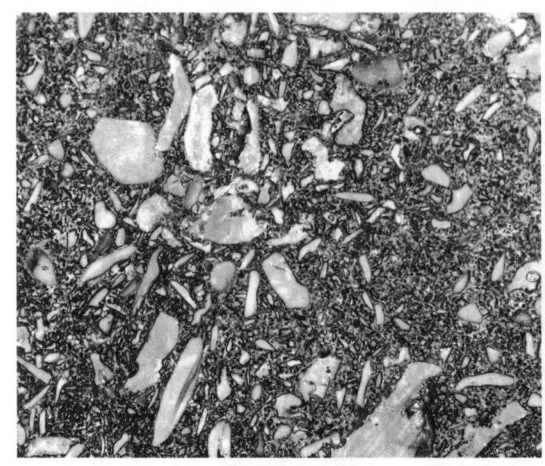

石中嵌玉

拱券连接处的铁束腰

三叶虫化石

2006年，弘济桥成为全国重点文物保护单位。不久，开辟成一处景点。冯骥才（中国民间文艺家协会主席、全国政协常委）作诗赞曰：

"广府经日月，弘济通古今；

史物最高贵，应奉至上尊。"

城外东北角洼淀之内，建有一所水上学府，民国时期河北省立第十三中学的前身，它就是清广平府著名的清晖书院。原名叫作荷花馆，因为多种植莲花而得名。始建于明嘉靖十五年（1536年），建造之初是为了给官员们提供一个优雅安静的憩息场所，又能够宴请宾客。后来几经沉浮，于乾隆六年（1741年）由知府任宏业修复为清晖书院，取谢灵运"山水含清晖"之意。水上书院，别具一番情致，亭台楼阁，九曲回廊；柳苇想通，鸟鸣鱼翔；稻香扑面，荷风盈襟，四境清幽，美景如画，人誉"小江南"。因此，虽然说这里是一府的最高学堂，但当地老百姓习惯上称此处为"莲亭"。清直隶总督方观承勘察蝗虫灾害就夜宿该书院，写下那首著名的诗篇。可惜，这样一个美不胜收的好去处，毁于战火之中。唯有方观承的碑刻尚在，现存放于广府北街学校。清中晚期，这里学风浓郁，莘莘学子晨昏苦读，以求达功名而报国图强。武汝清曾经在此讲学多年，并写下《清晖书院记略》。当时有位书生，写下小诗一首：

"课士清晖院，时光又不同；

烟笼杨柳绿，日映藕花红；

弟子多原宪，先生有马融；

相期勤学业，无玷圣门中。"

有水无山，缺少根脉；有山无水，少了灵性；山水相依，相映成辉。广府不仅傍水，而且依山，城西25公里为半山丘陵地区，属于太行山的余脉，紫山、猪山、狗山、锥山、狼山、佛山、红山、明山等星罗棋布。

紫山，因"山上春夏有紫气蓊郁，岩间有紫石英而得名"（《魏书·地形志》）。它占地面积为4平方公里，最高峰海拔498米。其间有一座山头，建有赵国大将马服君赵奢之墓。赵奢，因辅助赵武灵王实行"胡服骑射"而名世。因此，该山名叫马福山，也叫福山，现在称为佛山。另有一个王乔洞，系王乔在此隐居而得名。王乔在东汉时期做过尚书郎。元初，太保刘秉忠也在此避世修行，并建有大小两座塔（现已无存），山下有宝观遗址。明代卢龙云赋诗写道：

"紫气遥来出紫宫，金光隐现有无中；

仙坛并建群龙拥，宝塔双瞻瑞霭通；

万顷桑麻春雨后，千家城郭日华东；

披襟已尽兰台胜，宋玉何老对大风。"

猪山，"传说以山顶有猪槽而名猪山，又因山石多为红色，也称朱山"（清光绪年间《永年县志》）。此山孤峰突起，海拔239米，山地面积仅有0.7平方公里。猪山石刻十分著名，为我国现存最早的西汉时期的石刻，被奉为汉隶的开山鼻祖，现已成为全国重点保护文物。上刻："赵廿二年八月丙寅群臣酬此石北。"

猪山石刻

狗山，也名娄山。山底面积为1.5平方公里，最高峰海拔209米。《隋书·地理志》记载："临洺有狗山，山顶上有狗迹而得名。"而《方舆纪要》中写道："以山峰如狗脊而名，唐武德五年（公元622年），李世民征讨刘黑闼曾在山上安营扎寨。"明代白南金曾作《娄山怀古诗》：

"千载屯兵事已非，言寻故垒尚依稀；

寒烟不锁青山色，每至登临翠满衣。"

红山，位于紫山之北，由10多个山头组成，山石多呈红色，故称红山。清《广平府志》记载：红山"山形延邪，回峰环间，互相映带。下有稔屯（志英按：该村于清末已经荒废，现仅存红山庙遗址），上有流泉自石罅中出，乡人引以灌稻。"山上岩石多向东倾斜，相传为当初精卫填海时，曾答应使用这些石头，众石踊跃。可后来呢？精卫最终没有带走它们，这些石头生了气，一气之下，全部变成了红色，而且山石尽朝东海方向倾斜，以示其志向。当然了，这是神话故事。从科学角度讲，这只是地壳运动的一种结果罢了。

明山，全称聪明山，为这里最著名的山峰。"彰善祸淫为聪，降祥育万物为洺。"（《嘉靖广平府志》）因而，自唐代以来，就叫作聪明山。主峰海拔262.8米，呈南北走向。主峰平地突起，形势高峻，状如卧象。山的东侧与猪山、狗山、兔山相连，坡度趋缓，小路蜿蜒可达山顶，西侧十分陡峭。这里常年松柏苍翠，怪石崚嶒。北有洺水环绕，向东延伸，宛如银蛇。山上神庙古刹，殿宇雄伟，树木掩映，云烟依稀。传说常登此山，人会变得十分聪明，因而慕名登山者络绎不绝，"聪山蕴秀"能成为广府八景之首，果真名不虚传。明代刘起赋诗写道：

"西山雄峙控沙洺，紫气东来满郡城；

静里有闻天籁发，望中时见晓晴峰；

苍茫万点云霞灿，迢递千崖星斗平；

天为圣土新耳目，股肱元首亶聪明。"

聪山蕴秀

刘禹锡有句名言："山不在高，有仙则名；水不在深，有龙则灵。"广府，就是这样一个好去处。青山、绿水、城池、桥梁，共为一体，有仙有龙，有灵气……

## 三、悠悠太极城

广府的历史十分悠久，平原水乡景色美不胜收，然而，更值得骄傲的还是太极拳。太极拳，中国奉献给世界的精神财富，它运用武术的肢体语言来传达出中国传统文化的内涵，展现中华文明的无穷魅力。从某种意义上讲，太极拳已经成为中国的一个代名词。如今，它更像一艘航母泊向越来越多的国家。假如我们追根溯源的话，这艘航母就是从这里——广府起航的。作为太极拳的摇篮，杨露禅一脉是最早开始传播、流传范围最广、习练人数最多、影响最为巨大的一派；武禹襄一脉太极拳对理论研究的贡献最为突出，其成果被所有各派奉为圭臬。因此，没有杨露禅、武禹襄就没有太极拳。

**悠悠太极城**

  遥想19世纪中叶，太极拳第一次亮相武术界，便惊艳大清国的都城而风靡一时，王孙贵族、富室子弟纷纷求学。它的推广者便是广府的杨露禅。在此后的一个半世纪里，广府太极拳翘楚代有人出，比如，武禹襄、武澄清、武汝清、李亦畬、李启轩、杨班侯、杨健侯、郝为真、杨少侯、陈秀峰、李万成、郝月如、李逊之、杨澄甫、韩钦贤、张振宗、李福荫、郝砚耕、傅钟文、赵斌、郝少如、杨振铭、傅宗元、魏佩林、姚继祖、翟文章、李锦藩、杨振铎、傅声远等。其中，杨露禅是武术史上广传太极拳之第一人；武禹襄是太极拳理论的奠基人、太极拳文化的开拓者。1881年，李亦畬手书完成的三本太极拳谱，史称"老三本"，是太极拳史上最早的理论文献，为太极拳的奠基之作。1914年，郝为真受聘河北省立第十三中学担任武术教员，太极拳首次进入正规学校成为必修之课；1935年，郝月如聘为南京中央大学武术教员，太极拳第一次走进高等学府。1934年，杨澄甫出版了《太极拳体用全书》，得到当时政界、军界、文化界名人的题词和认可。

一座小小的古城，为什么能造就如此众多的武术人才，太极拳为什么能够在广府孕育、初始、成熟、发展、壮大呢？

首先，这与广府的历史背景息息相关。上文已介绍，广府见于史料的第一笔记载便是战争。《左传》中写道："鲁宣公十五年（公元前594年）六月，晋国荀林父败赤狄于曲梁。"此后的两千余年间，在每一个历史的转折点，这里必定是兵戎相见的战场。连年的烽火硝烟，积淀出古朴、剽悍的传统民风，百姓们为了防身自救而多习拳脚，群众性的武术基础十分雄厚，浓郁的尚武之风绵延两千余年。尤其到了清中晚期，大红拳、小红拳、梅花拳、二郎拳、六合拳、形意拳、披挂拳、春秋拳、八极拳等十分盛行。村村设武场，庄庄有练家，可谓高手如云。太极拳，就是在这样的大背景下最终破茧而出。

其次，太极拳的孕育诞生离不开文化的滋养，因为这是一项脱离了低级趣味的高雅的文化拳。广府的文化资源极其深厚，它的包容性如同海洋一般。它地处中原腹地，又是洼淀水乡，独特的地理位置，造就出独特的人文景观。从宏观角度来看，中原文化的粗犷、豪迈、奔放、厚重，与水乡文化的温婉、细腻、灵动、润泽交相辉映，水乳交融。具体而言，城内文人雅士聚集，学风崇儒尚礼。广府设有三年一次的乡试，读书之风甚浓。广府城外东北角有一所著名的书院——清晖书院，于乾隆六年（1741年）进入鼎盛时期，成为青年才俊读书研文的理想书院。此外，城内每条主要街道几乎都设有私塾蒙馆，即便普通百姓子弟也多晨昏苦读，以求功名。一座1.5平方公里的小城，两千多位居民，仅清代就出了27位进士。人们现在还可以从街道的名称如化育街、慎贤巷、育贤街等，想见昔日广府城浓厚的读书氛围。试看城里城外，诸多文化遗存星罗棋布。府文庙大成殿，尊儒尚礼的神圣之所；清晖书院，青年才俊读书学文的理想之地。毛家高风、弘济雄风、龙潭风雨、奎阁凌云、干将铸剑池等令人荡气回肠。由此拓展开来，猪山石刻，使人百思不解的千古之谜；观音阁，号称"燕赵第一境"；仰韶文化，承继商代文明。另外，还有南宫文化、黄粱梦文化、磁山文化、赵都文化等尽可容纳于这个文化系列当中。其中，以赵文化最为有名，影响最为深远。广府城西南25公里，便是当年赵国的都城邯郸——当今著名的成语典故之乡。胡服骑射、毛遂自荐、围魏救赵、邯郸学步、负荆请罪、完璧归赵、将相和等经典传颂千古，开拓创新、文武并重等思想理念便源于此。弯弯的黄泥驿道，向远处延伸，延伸至历史的深处，从中可以洞悉中原文化一脉贯通的微妙相连的传承脉络。数千年的文化沉淀与累积，形成广府醇厚的文化氛围，正是这种绵延悠长的文化氛围，经过不断的引进、更新、吸纳、洗礼、滋养，厚积而薄发，升华为一种影响整个人类的文化现象——太极拳文化。

**胡服骑射**

清代，著名学者颜习斋先生（1635—1740）曾经担任漳南书院（志英按：该书院在广平府境内）主讲。倡导"实习实行"，反对章句空谈。用现代话讲，就是理论联系实际。教学既讲"文事"，也求"武备"：经史、礼乐、骑射、术数、兵农、水火，六艺并重。这种思想对广府的莘莘学子影响很大，文人也包括武士，都具备一种深入探讨研究，富于包容、开拓、创新精神的潜在品质。这一点，是太极拳文化能够产生的更直接的原因。

尽管拳术受到文化潜移默化的影响，但"拳术"与"文化"一直被认为是平行发展、互不相干的两个脉络，"习武者"与"学文者"属于两类人、两个阶层。练把式、走江湖、跑码头、看家护院是下层百姓们的勾当，文人仕宦不耻于此道。直到清朝中叶，"拳术"和"文化"才出现了主动与直接的碰撞、交融迹象。比如，苌乃周（1724—1783）所著的《苌氏武技论》，便使拳术与哲学相融合。太极拳理与苌氏拳理有许多相通之处，但太极拳理更为切实、科学、理性、严谨，文化特色更为浓重。虽然笔者至今无从知道这两种拳术之间有没有直接的联系，但可以肯定，"拳术"和"文化"在这一时期的广大地区出现了交相融合的现象，许多有远见卓识的拳家在做着不谋而合的探讨，只不过太极拳更具代表性，它彻彻底底地改变了拳术的风貌，真真正正打破了"文武不同道"的桎梏，标志着中华武术与传统文化最终走向了契合。而这一切，要归功于广府形成的一个习武团队：杨露禅、武澄清、武汝清、武禹襄、李亦畬、李启轩、杨班侯、杨健侯、郝为真等。更加难能可贵的是，武、李仕宦家族人员的相继介入，其中两名进士，一名举人，两位秀才，他们的参与使武术走出了口授心传、封建保守、迷信玄虚、为拳而拳的初始阶段，趋向科学化、系统化、理性化、文人化，助推了具有文人化气息的太极拳迅速形成和完善。由此可以得出这样的结论：广府文化的滋养，尚武之风的熏陶，悠久历史的洗礼，为太极拳文化破茧而出，提供了充分的营养。以武禹襄为代表的文人研拳集体，是太极拳文化产生的直接原因。

这其中，杨露禅、武禹襄最具代表性，二公因共同的喜武志趣走到一起，凝结成伟大的友谊。"武林楷模"典故，就是讲述两位宗师创拳经历的故事。

杨露禅，家住广府南关。尽管因出身贫寒，没有读书的经历，但无疑他是一位具有大智大慧的民间武术大家。学拳不拘一门一派，对流传于广府的各个拳种广泛涉猎、学习，了然于心。他不满足于本地拳术的现状，只身远赴河南求学，抱着无比谦恭之心，拜师陈长兴，从而掌握了陈家沟炮捶的真谛。

武禹襄，家住城内迎春街。出身书香门第，是一位饱读经史的儒生。意气书生，走上了与他的家庭背景格格不入的道路——练习拳脚。不客气地讲，武氏的这种行为在当时属于有辱门风之举。这可以从他的墓碑中得到佐证，碑文历数光耀门楣之举，一字不提练拳之事。是的，他的练拳功绩是在逝世后约半个世纪，才逐渐为人所熟知的。也正是他的"有辱门风"之举，无形中完成了一项事业，即让"文化"与"拳术"实现了真正的、主动的融合。武公与杨露禅有着相同的学拳轨迹，对本地各个拳种广采博纳，远赴河南问艺。只不过，他的学习方式和寻访对象不同于杨氏罢了。以武禹襄的身份与地位，不可能做出拜师之举，他只能选择友好切磋、互动交流的方式，同赵堡镇的陈清平先生进行真诚的沟通。"研究月余，而精妙始得……"（李亦畬《太极拳小序》）由此，武禹襄掌握了与陈家沟拳术有着异曲同工之妙的赵堡镇拳术的窍要。

杨露禅、武禹襄相继外出取经归来，眼界大开。杨公擅武，重于实践的锤炼；武公善文，重于理论的总结。二公一武一文，取长补短，相得益彰。他们兼容并蓄，广征博引，友好协作，最终研创出一门新型拳术。这种拳术讲求阴阳虚实的转换，以柔克刚，以静制动。最初以外观形式而命名，乡人呼为"绵拳""粘拳""黏拳"，或者以技法种类取名，叫作"十三势"。后来，才正式定名为"太极拳"。太极拳具备三个鲜明的特征：

（1）行拳的舒缓优雅与当时的士大夫阶层稳健儒雅、从容不迫的作风相吻合。

（2）"守中用中""无过不及""制人而不伤人"等拳学理念为有文化者所欣赏。

（3）广府传出的"十三势"拳架，它的技法以八法（掤、捋、挤、按、採、挒、肘、靠）为主，运行路线以"五步"为主。进，是"搂膝拗步"；退，是"倒撵猴"；左顾右盼，是"云手"；定，是中定，即立身中正安舒（志英按：陈家沟等地的拳架与此明显不同）。

这正是太极拳一问世，便能够风靡京城的原因所在。杨露禅与武禹襄个人之间的交流互动，通过研究太极拳的方式，实现了两个阶层的融合，升华为"武术"和"文化"的相互交融。由此可见，武禹襄"引文入武"的拓荒之功足以彪炳史册。太极拳修炼者不再是"把式匠"似的赳赳武夫，更多则是文质彬彬的儒雅之士。比如，杨露禅进京教拳，面向达官显贵、富室贵胄；郝为真受聘河北省立十三中，教授师生练拳；杨澄甫弟子众多，其中多为政界、文化界要员名流。再看当代，刘少奇主席、宋庆龄主席、贺龙元帅、邓颖超、薄一波、温家宝总理、李铁映、伍绍祖等党和国家领导人参与到修炼太极拳行列之中。品读武公经典拳论，让人回味无穷。"立身中正安舒，支撑八面。""曲中求直，蓄而后发。""内固精神，外示安逸。""从人则活，由己则滞。""气以直养而无害，劲以曲蓄而有余。""舍己从人，引进落空。"……武禹襄巧妙地将中国传统儒学中庸思想活学活用于拳术当中，使武术与文化、练拳与修身达到高度和谐统一、完美结合。这，才是太极拳的最高境界；这，才是修炼太极拳的真正追求。武禹襄故居那副对联写得最妙："立定脚根竖起脊，拓开眼界放平心。"

广府古城，经两千六百余年沧桑历练更加雄奇壮美。太极拳让全世界变得如此和谐美好，广府城让全人类凝聚成幸福美好的家园……

# 后　记

编著出版《太极拳经典拳论评注》，说起来其实是恩师吴公文翰的心愿，笔者只是代恩师完成心愿而已。只是做得不好，有负师父的栽培。

评注太极拳谱，对经典进行注评，这个担子分量很重。尤其对笔者而言，知识有限，资历浅薄，对太极拳的认知还十分肤浅。但是，任务摆在了面前，责任不容你不担当。为什么这么说呢？一则当然是恩师的期望，二则刻不容缓。为什么说刻不容缓呢？因为目前太极拳界杂乱无章、良莠不齐，缺少一本可供参考的理论性、指导性读物。迫切需要让太极拳练习者知道应该怎样练，必须怎样练。为什么这样练，为什么不能那样练。正所谓知其然，还要知其所以然。因此，笔者作为太极拳发祥地的传承者，有义务、有责任、有担当肩负起这项使命。尽管勉为其难，尽管明知不可为而为，但良知催我勇敢地、义无反顾地拿起了笔，尽最大努力向读者全面介绍武术史上最早的、最重要的太极拳谱——"老三本"，使当代太极拳习练者能一睹太极拳最初的面容、最早的真相，从而不忘太极拳初心，了解太极拳本源，不被今天的种种假象、种种迷惑所误导。所以，笔者始终抱着虔诚的敬仰、敬畏之心，尽己所能、尽己所知、尽己所悟，记录真实，反映真相，以期对太极拳练习者提供一些参考与帮助。

毕竟开拓者、前人的贡献就矗立在面前，高山仰止，因而笔者对经典的评注只能是一次尝试，充其量算是第一位尝番茄者，抛砖引玉，希望后来者做得更好、更完善。

　　可惜，恩师没能看到拙著的出版。谨以此作献给已经去了那边的吴师文翰，愿恩师在那里一切顺意。最好能托梦于笔者，提一些建议，以求再版时能更丰富，趋于完善。

　　就写这些吧，以为后记。

杨志英　于海龙湾<br>2019年9月9日

# 武林闲人
## ——记当代太极拳史论家、武式太极拳名家杨志英

雪宁

我说他不像武林中人,像一位文化人、学者。他却说:

"你说的对,也不对。说我不像武林中人是对的,因为我没有高深的功夫,练太极拳纯粹为了活动活动身体。你知道的,我从小厌食,体弱多病,瘦得很,大人们管我叫'小大头'。练拳就是为了强健身体,说白了,我就是武林一闲人,滥竽充数。文化人,称不上。我才读了几本书,认识多少字儿,肚子里能有多少墨水儿?在文化面前,我永远是个小学生。学者,那就更不敢当了。最多是——喜欢动动脑子,遇事儿爱刨根问底儿罢了。还有优点?啊——想起来了,准确地说应该叫——特点。对,那就是不盲从,不迷信权威。"

既然他这么说,我就甭夸他什么了,讲些具体的事情吧。哟,忘了,还没介绍他是谁呢!杨志英,河北省邯郸市永年区广府镇北街人,永年区第二中学教师。本科学历。属小龙的(即属相中的"蛇"),1965年生人。当代太极拳理论、历史研究专家,著名武式太极拳家。2010年,被评为永年县非物质文化遗产——武式太极拳传承人。至2019年10月,在《中华武术》《武魂》《武当》《太极》《武魂·太极》《搏击》《少林与太极》《武林》《中国功夫》(中国香港)、《名家》等杂志,发表文章160多篇,约30余万字。前些年,针对性强的、阐述个人观点的文章,便用笔名,用过三四个,常用的——还是暂时保

密吧，个人隐私，请理解。他对此倒很坦然，说：

"其实说了也无妨，也不是什么大不了的事儿。只是觉得多年前写的东西，显得稚嫩些，不愿再提起。等日后有机会出书，我会将这部分文章整理修改收入，那时，一切自会大白于天下。"

也是，您看这几年，他的文章视野开阔多了，胆子也大了，不惧怕任何势力、任何挑战，因而也就不用笔名了。

志英的父亲杨贵周先生是位地质队员，一年里探亲假很少。所以，他小时候是随母亲住在姥姥家的。姥姥是广府南街人，住在离南城门根儿不远的路西。因此，他上小学是在南街。那时，正值文化大革命，家乡还不叫广府镇，叫"城关公社"，居委会称为"大队"。南街小学体育课、课外活动，多练太极拳，志英就是从那时候起接触太极拳的。他六虚岁入学，直接上的一年级。教拳的老师叫闫平均，身手敏捷。有时还特意请来一位老先生，名叫关钦（字子敬，1908年生，卒于1998年，郝从文弟子）。关老先生的孙子世伟正上小学，他常站在队伍前面做示范。当时学的，就叫"太极拳"，没有叫作"某式"或者"某氏"太极拳的。好多年以后，才知道小时候学的是"杨式太极拳"，传统架子，跟现在流行的杨式太极拳不大相同。当时，城里面东、西、南、北街，四个大队，练拳的青少年很多。广府人把练拳的人，叫作"玩儿拳的"，把练套路称为"跑架子"，把推手叫作"摸摸劲儿"。干完一天活，学生放了学，年轻人精力充沛嘛，大多兴冲冲地往老拳师家里跑。可以说，玩儿拳是十年动乱时期广府青少年最大的业余爱好。感觉有点儿意外吧？其他地方，都把武术当成"四旧"，谁还敢练？少林寺、武当山、陈家沟，根本没人敢练武。太极拳之所以在广府没有被当作"四旧"破除，扫进历史的垃圾堆，主要得益于一批根红苗正的练拳人，如关钦、郝从文（1911—1982）、傅宗元（1913—1984）、贾志祥（1917—2012）、翟文章（1918—1989）、韩会明（1925—2014）等都是贫下中农出身，有的还是大队干部。再说太极拳，练起来慢悠悠的，又没有迷信色彩，没有政治倾向，不惹是生非，因而才得以在太极拳故乡很好地传承下来，这在全国不能不说是一个例外、是一个奇迹。那时候，老拳师之间没有门派隔阂，不存在任何成见，相处得十分融洽。时不时碰碰头、聚一聚，带着弟子们切磋切磋，也不论什么第几代，按亲属邻里长幼相称。像傅宗元是杨澄甫（1883—1936）弟子，魏沛林（1913—1961）、姚继祖（1917—1998）的老师是李逊之（1882—1944），李锦藩（1923—1991）、李迪生师承李化南，翟文章师承韩钦贤（1885—1958），郝长春（1911—1980）得自郝月如（1877—1935）、郝少如（1908—1983）父子等，他们之间根本不论什么杨式、武式。对了，那时广府还没有"武式太极拳"的称谓，而是叫作"郝式太极拳"。他们常走动、常交流，称兄道弟，关系融洽得很。这些拳师手底下都有一帮人，平时学拳练拳，过段时间会串串门，找其他老师的弟子摸摸劲儿，看看有没有长进。魏沛林、翟文章、傅宗元、郝长春的推手功夫名气最响。翟文章，人称"老翟"（广府方言，"翟"读"zhè"音），行伍出身，豪爽。凡遇比手的，礼让不过，动起手来，毫不留情，发人冷脆，令人惊骇；魏沛林，人称魏先生，老魏；傅宗元，人称"老傅的"。他俩推手注重于巧，对方被发出后会感觉很舒服；郝长春推手则总给人留有余地，讲究分寸，让对方心中佩服。"文革"前后十余年，在这样一个特殊时期，广府能培养出一大批承前启后的太极拳精英，真是难能可贵。如郭庆亭、韩兴民、杨振河、韩清民、贾安树、贾保安、魏高义、翟维川、胡凤鸣、郝平顺、王润生、钟振山、孙建国、董新成、路军强、乔振兴、刘永平、赵宪平、胡利平、朱现红等，都是在这一时期摔打锻炼出来的。志英说：

"我在那段时间只是跟着凑热闹，瞎练，又没有个准师父，没练出什么感觉，玩玩罢了。要说有什么成效的话，那就是通过玩儿太极拳，饭量见长，吃么香，身体也好多了。"

1982年，高考制度已经恢复。志英没有上高中，初中毕业后考上了一所中等师范学校——曲周师范。曲周县与永年县紧邻。上中师，目的很明确，用母亲的话来讲，就是"五个早"：早毕业，早工作，早挣钱，早成家，早养家。令人意想不到的是，居然考了个全县第一名。曲周师范那一批总共招了四个班：九、十、十一、十二班。他是九班001号学生。当年，学校有三个好玩拳的：一个是他杨志英，另一个叫王奎江，练陈式太极拳，还有范修学，好像练劈挂拳吧。《少林寺》《武林志》《武当》电影红极一时。他们三人发起成立了武术兴趣小组，业余教同学们舞拳弄剑。跟志英学拳时间最久的有霍长朋、李振京等。学校外面西南有一个打麦场，晚上，一伙人聚在这里练拳。志英非常崇拜李连杰，对他佩服得五体投地，那动作干净、漂亮、潇洒、飘逸，多带劲儿！对奎江的陈式拳产生了兴趣，震强、发劲、飞脚、弹抖，多刺激。志英不好意思明学，偷偷模仿。竟然将杨式太极拳中的一些动作，自作主张地改动，发力、弹抖、震脚。回忆起这段经历，他腼腆地说道："太不好意思了，一个门外汉，改拳，大言不惭，大言不惭！好好的拳，被我改得不伦不类，还是不提为好。"

不过呢，这并不影响一些同学跟着他练拳。有那么一天，下了晚自习，志英呆在宿舍，没有溜出学校活动。忽然，振京慌慌张张推门而入，气喘吁吁地说："不好了，有八九个人来找事，说谁要在麦场练拳就揍谁。要不是我腿快，就挨打了"。

志英听罢，二话没说，随振京来到麦场，却空无一人，那一伙儿寻衅滋事的人已然离去。

第二天，下了晚自习，老地方，志英带着5位同学活动。练罢拳，准备回校，就见十几个黑影向这边围扰过来。有叼着烟卷的，有吹口哨的。走到近前，最前面的一位，蓦地冲过来，飞起一脚踢向长朋。长朋闪身躲过，那人不依不饶，拳打脚踢。长朋只是躲闪，口里说道："哥们儿，有事儿好商量"。

绕来绕去，十几个来回，那人没有打着长朋分毫，自个儿却累得大口喘着粗气，不再追打。另一位，像是个头儿，朝志英走过来，靠近了，猛地抓住志英手腕连拉带拧，命令道："坐下，聊聊天！"

"站着说话挺好的。"志英化解了他的攻势，和颜悦色地回答。

那人不曾得手，便知趣儿地松开，口气也变得温和了，说："练趟拳叫咱看看？"

志英比划了两势，收住，说："今儿累了，不想练。"

那人见旁边放着一件器械——那是志英自制的，用粗铁丝拧成的圆环，一个个串连起来，权且叫作"软鞭"吧。那人觉得好玩儿，问道："你练练这个，咋样？"

"不想练，累了。"志英说。

"那我练一趟吧。"说罢，那人舞动起来，还蛮像那么一回事。志英随口夸道："练得真不赖。"

"啊——差远了。小兄弟，我以为你们在麦场捣什么乱呢！要是练拳，那就在这儿玩吧，走了啊！"那人一招手，众人离去，这场突如其来的危机就这么轻描淡写地过去了。此后，两年间，再没有什么人来这儿没事儿找茬儿。

1985年，志英中师毕业，分配到永年张西堡镇中，教初一语文。在这期间，石永朝、王勇、李建朝等10余位学生跟他练拳。记得一天下午，他上罢作文课，刚进办公室门，武金录老师随手把门带上，神秘兮兮地说："志英，跟你说个事。你上课时，陈庄的一个小痞子，在陈、李、王三庄有名得很。想起来了，他半个月前就来过一次，想找你比比手。我从侧面提醒，说你的功夫不错，劝你俩交个朋友，多好。他说他常见你大早起在小树林练太极拳。明天一早6点，他会准时在小树林候着，和你过过招。志英，听我的劝，咱在校园里面练吧，我们也跟着你学几招，好不好？"

志英笑了笑，说："好，好的！"

第二天早上5点，志英便赶到小树林，见寂静无人，踢腿、压腿，一番热身运动后，他挽起袖子，来到那棵碗口粗的槐树前。这是他经常练功的对象——活树桩。受《少林寺》等武打影片的影响，他练所谓的自创"铁臂功"已经两年有余，用左、右前臂的内外两侧交替击打树体。这天早晨，他练得分外起劲儿、投入，"砰砰砰"的响声，枝叶抖颤，惊飞了附近的麻雀。太阳从东方升起，学生们陆陆续续来上学，但是，始终没有见到昨天那个说要来比试的青年，以后也没有来。不过，过了许多时日，他捎信给武金录老师，说："我跟杨老师沾点亲，跟城关的董四儿（广府著名少林拳师，名董永成，兄弟中排行老四）是好朋友。"金录接下来问："志英，你和他是啥亲戚。"

"亲戚？啊啊，不远。全国五十六个民族还是一家亲呢，何况咱都是汉族呢！近着呢，哈哈哈——"志英答。

1986年，志英调到永年二中工作，回到了广府老家，开始了长达20多年登上北城墙晨练太极拳的生涯。他打小有个早起的习惯，天不亮就睡不着觉了，五点来钟准醒，跟定了时的钟表差不多，母亲说他从小就是个"打鸣鸡"。20世纪80年代，广府城晨练的人还不多，北城墙那段，除志英之外，就是胡凤鸣老师带着七八个人练拳。胡老师和志英是邻居，他住东宫街，志英家在黄河井，两条街只隔一条窄窄的小胡同。1987年早春的一天，胡老师踱过来，温和地说：

"志英，我观察你很长一段时间了。像你这样能坚持锻炼的，很少。怎么样，跟我学学武式拳好吗？"

求之不得的事情，只不过志英内向，早就想跟胡老师学习，却不好意思开口。如今，胡老师主动找上门来，当然再好不过。胡凤鸣，小名"和的"，永年太极拳界鼎鼎大名，武式太极拳代表人物姚继祖先生的高足。在广府，和他的师兄翟维川并称姚老先生门下的"顶门棍"（广府俗语，意为：得力助手）。从此，志英几乎每天晚上都到胡老师家中学拳，早晨在城上行工走架。这一学不要紧，才懂得了许多要领、理法。原来太极拳一举一动都有规矩，都有说道，这才晓得之前那几年真是——盲目地傻练了、瞎练了。他说："真是白练了，不懂装懂，还敢改拳、教学生，误人子弟呀。惭愧，不好意思，惭愧、惭愧！"

可以说，自从跟了胡老师，志英才算真正走上了研习太极拳的道路。一步一个脚印，规规矩矩练太极拳。他读的第一本太极拳学著作，是胡老师推荐的，即郝少如写的《武式太极拳》，薄薄的100多页，但是内涵相当丰富，常读常新，每隔一段时间，都会从中读出新内容、新体会。武禹襄、李亦畬、郝月如、郝少如等人的拳论，犹如圣贤之作，太极拳理论、文化原来如此精深高妙。1988年，举行了一个简朴传统的拜师仪式，志英正式成为胡凤鸣老师门下弟子。他回忆这一段经历时，不无感慨地说："无论怎样，胡老师是我学习太极拳道路上的第一位引路人，一辈子不会忘记。更应该感谢他的是，通过胡老师认识了改变我命运的第二位师父吴文翰。"

2000年，志英参加了第7届中国邯郸国际太极拳联谊会的比赛，获得了男子武式太极拳、剑第三名（注：胡凤鸣获得第一名，孙建国为第二名）。这是他第一次参加比赛，也是唯一的一次，他讲道："我不适合参加比赛，天生怯场，底下练得好好的，人一多或者一上场就紧张，甚至会忘。再说，我玩拳又不是给别人看的，是练给自己看的，练自己的，有必要人前显摆吗？就这一次，也算是有过比赛的经历吧。"

在这次大会上，最大的惊喜和收获，是通过胡老师搭桥认识了仰慕已久，人称"武林一支笔"、武式太极拳代表人物吴文翰先生。通过简单的交流，吴先生对志英的印象不错，叮嘱道："你是位老师，教过语文，有一定的文化知识。多在太极拳研究上下些功夫，不要做个武夫，要做个研究者。"

杨志英（右三）和吴文翰老师（左三）合影

　　于是，志英和吴老师进行了长达10余年的信函往来和交流。多亏吴老师提携与帮助，使志英一路走到今天。吴老师是位有大智慧的人，他教拳授业因人制宜，对志英的指导循序渐进，每一次都是恰到好处的点拨。他教人从来都是鼓励，同时又是很高妙的纠正、一次再提高的关口，那种妙不可言的指导，只有志英本人才能体会得到，感受得到。吴老师远在北京，手把手教导的机会并不多，但是老师教给的不是一招一式怎样练，而是方法、原理，如何研究学习，如何理解经典。吴老师不止一次讲："练太极拳的人多如牛毛，成名成家者，一代也没有几个人。真正沉下心搞太极拳研究的本来就少，而能研究出成果的更是凤毛麟角。我希望你在研究的道路上走得更远些。"

　　吴老师，难得的好老师，伟大的师父。尤其他的人品，在物欲横流的今天更显得弥足珍贵。他学识渊博，"四书五经"信手拈来。他又总是那么谦和、平易近人，没有一点学术权威的架子。这种高尚的品德又潜移默化地影响了志英，使志英感受到作为一名太极拳传承者，尤其是太极拳故乡的传承者肩上的责任与担当。志英向来低调，不事张扬，他用踏踏实实的行动、用实事求是的文字来宣传太极拳理论、宣传太极拳历史、宣传太极拳文化。他的骨子里又透着一股子执拗劲、韧劲，加上吴老师垂范，更磨练出他柔中寓刚的坚韧品格。是的，低调、谦虚，不等于屈从，不等于妥协，不等于人云亦云，不等于亦步亦趋。如今，志英在太极拳学术研究领域取得了一定成绩，已经形成了自己的观点、格局、模式，自成一家之说。他认为对的，绝不会向任何人、任何势力低头。"相信自己，做好自己，自己做好"是他自订的座右铭。同时呢，如果有人指出了他其中的不足、瑕疵、错误，无论是谁，名人、普通人，或者陌不相识者，他又会虚心接受。他认为：学术就是学术，与个人友谊、与人情世故没有关系，私下是朋友，也许学术上是对手。因此，志英曾经为了坚守自己的信念、坚持自己的学说而与人针锋相对。但是，吴老师的一次劝导使他犹如醍醐灌顶，得到一次蜕变。吴老师是这样讲的："志英，记住：多做正面宣传和引导，少打口水仗！"

是啊，与持不同意见者不必计较太多，时间会证明一切。对，要走自己的路，让别人说去吧。还是那句话：自己做好，做好自己。这，便足矣。

2005年，志英正式拜在吴文翰老师门下。在此之前，吴老师几次讲道："拜师，只是个仪式。我不拘泥于形式，在我心里面早就把你当作徒弟了，而且是大有发展前途的弟子。比我强多了，我在你这个年龄还一事无成呢！现在你已发表了不少文章，小有名气嘛，哈哈哈哈哈——"

一贯的爽朗开怀的笑声。看老人家多谦虚，您想，吴老那个年龄段处在什么时期，还没有他施展才华的平台与机会呢！所谓"正式拜师"，是志英的一桩心愿，希望举行个仪式。仪式，举行了，是在拳友郝平顺先生南关的家中，非常简单、简短，见证人是平顺夫妇。规规矩矩磕了三个响头，也算了却一个心结。师父的教诲也简短，但语重心长。他说：

"好好做人，好好学拳，好好练拳。扬长避短，搞好太极拳的研究。就这样吧。"

言罢，平顺开车，火速将吴老送到广府东关太极拳运动大会闭幕式的现场。

志英从2000年与吴老师相识，到2019年7月29日吴老师逝世，将近19个年头。从学术研究角度而言，经历了三个阶段。

（1）初步掌握太极拳艺理；

（2）准确理解太极拳理法，以科学求实的态度研究太极拳历史；

（3）形成自己的立场与观点。

这期间，吴老师的帮助功莫大焉，师徒之间正如师父书赠给他的一副对联所写：

"苍龙暮年还行雨，老树春深更护花。"

还用再作什么解释吗？一切尽在其中。

写到这里，还要提到志英常常念起的另一位"师父"——郝少如先生。说起来，这"师徒"二人尽管在时间上有生活在一起的交集，但根本不曾谋面，也没有任何来往。志英却自列为郝先生的弟子，为什么呢？因为，他觉得郝少如先生是新中国成立后极其少见的，真正掌握并能熟练驾驭太极拳艺术的拳家。郝先生对武禹襄和李亦畬等先贤拳论理解得精辟入里，并且能够用更加通俗、生动的语言将深奥的理法阐释得细致入微。更难得的是，还能够用实践来印证，使所有接触过他的人无不竖指赞叹。所以，志英冒昧地自列为郝老师的学生，以表达敬仰之情。如果郝老前辈九泉之下有知，请原谅这位晚辈的唐突和无礼吧。

随着志英在太极拳学术研究领域知名度的不断提升，顾问、高级顾问、秘书长、会长、理事长、客座教授等名目头衔多了起来。而他对此看得很淡，始终以一名普通太极拳传人、太极拳研究者而自居。武林界举办的各种活动一次次向他发出邀请，因工作关系，只能有所选择。尽管如此，近些年他出席了50多次国际、国内的大型活动。本文摘要介绍了他参加的三次活动。

纪念陈固安诞辰一百周年活动发言

一是，永年县委、县政府编纂《永年太极拳志》。

2004年5月2—3日，中、日、韩民间太极文化交流大会在石家庄召开。会议期间，志英结识了《太极》杂志主编杨宗杰先生。一见面，宗杰便说："早有耳闻。"交谈过后，他又说："人才难得。"并透露，将邀请志英参加一个重要的活动。杨主编提到的活动，就是永年县委、县政府准备编纂《永年太极拳志》。不久，志英作为太极拳界的四位代表之一（另三位是永年国际太极拳联谊会发起人、太极拳活动家崔彦斌先生，著名武式太极拳传人钟振山先生，以及杨宗杰先生），有幸参加了自2004年启动，到搜集、梳理、整理资料，次年初步定稿，封闭两个月审稿，2006年7月完成最后编审、付梓印刷的全过程。其间，召开的70多次例会、座谈会、研讨会几乎全部参加。他和同事走村串巷深入广府、闫门寨、大北汪、曲陌、小龙马等地，寻古迹，访隐士，找当事人搜集资料。两下邢台，远赴上海。在与贾朴、李连喜、祁锡书、贾志祥、韩会明、陈萍、翟金录、李剑方、林子清、杨德高、蒲耀珍、杨雪琴、王慕吟、陈树道、余功保、康戈武等知名人士，以及不愿透露姓名的、形形色色的资料提供者的接触中，面对从多个渠道汇总而来的堆积如山的资料，着实让志英眼界大开，增长了见识，受到了洗礼。原来现有的太极拳研究成果存在许多缺陷、软肋，相互比正，不是自相矛盾，就是出入很大。例如，太极拳发展史，根本没有形成共识，更甭提有什么定论了。各派各方各自为战，各执一词，各持己见，很难相融，很难统一。而且，这种种说法多为传说、演义、故事，缺少有力证据的支撑。一些口口相传、人云亦云的所谓"事实"听起来津津有味、绘声绘色，可惜经不起考证。如果与新中国成立之前的《广平府志》《永年县志》、家谱、传记等史料相比对，当下传布的太极拳发展史杜撰的成分实在太多了，所以，太极拳历史需要重新审视。志英为此作出了艰苦的、力所能及的争取与努力。当然，《永年太极拳志》著作中的结论并不尽如志英之意，用他的话讲："我已经尽力了，竭尽全力了。如果时机成熟，我自己会写一本太极拳志书或史书。"

为此，他已经开始付诸行动。前期铺垫作品《解析太极拳档案》经过10多年的努力，于2016年4月在中国台湾出版发行，算是他对以前探索、努力的一个总结吧。另外，2017年7月，北京科学技术出版社出版了由他校注的《董英杰太极拳释义》。

二是，登上《燕赵大讲堂》，讲述永年太极拳发展史。

2006年10月，经友人推荐，志英受邀到河北电视台少儿、教育频道《燕赵大讲堂》栏目录制节目。商谈时，他脱口而道：题目就叫《永年太极拳》吧。后来才知道一周只播五次，便决定讲述五集，拟出提纲：

《宗师风范》《禄禅进京》《班侯献计》《为真传拳》《神奇广府城》。

岂料时间紧迫，当天接到通知，次日动笔才写了两节，后天就动身赶到了石家庄。自己以为像现场直播一样，一天讲一集，五天录完。到了电视台才知道一股劲儿录完，一口气搞定。抓紧赶写后三节。仓促，因而内容不够充实、情节还欠生动、文字显得粗糙，再加上第一次上省级电视台录节目，难免有些紧张，发挥得不理想。还好，播出后的反响算是说得过去。他当时给自己打了75分，如今回头看，他又说："勉强及格，勉强及格吧。"

当时录音时，约来的指导听了他讲完第一集，便问："您是县电视台的播音员吧。"

看来，这是在夸他的普通话蛮不错吧。虽然说夹杂有永年方言的痕迹，总之还称得上字正腔圆。节目录制非常顺利，一次通过。师母陈莹看后惊讶地说："哎呦喂！真是想不到哎，志英还有这两把刷子。"

"哈哈哈哈！"师父开怀而笑。

这次讲述永年太极拳历史，因节目需要，是以讲故事的方式串连起来的。尽管如此，在节目中志英或多或少表达出了自己对太极拳历史的看法认识，以及广府在太极拳发展史中的地位。

三是，第三届武式太极拳高峰论坛。

武式太极拳高峰论坛是全国性高规格活动，每次邀请国内外武式太极拳界有影响的人物参加。首届论坛是由永年县人民政府、广府旅游开发园区管理委员会倡议发起，于2007年5月1—2日在永年县召开的。2008年6月20—21日，第二届在辽宁省开原市举办。第三届于2009年10月20—22日在北京顺义召开。三届论坛，志英都是受邀代表，尤其第三届高峰论坛被聘为组委会秘书长、论坛主持人。简明扼要的解说、画龙点睛的点评，受到与会者一致赞誉。本次论坛筹备前，志英提议围绕一个议题展开，吴文翰先生表示赞同，并确定了"武禹襄武学思想"的会议主题。论坛结束后，将收集到的论文结集成册，名为《武禹襄武学思想研讨会论文集》，其中收入志英两篇论文：《武禹襄武学思想初探》《伟大的太极拳先哲武禹襄》。

准确界定杨露禅、武禹襄在太极拳发展史上的地位，一直是志英的一个研究方向。第三届武式太极拳高峰论坛，最后能形成一册文字的东西，无疑为日后的研究开了一个好头。他常说：

"探讨太极拳历史，是一个敏感的话题。因为肯定要触及一些人、一些地方的名和利，因而前面的路荆棘丛生。但是，我既然选择了，就会义无反顾地走下去，开弓没有回头箭。希望有更多人士参与到太极拳历史的探讨研究当中，争鸣不要紧，怕的是不加辨析的盲从、人云亦云的随声附和，怕的是行政手段介入学术研究。我已经准备好了，迎接一切挑战。"

图书在版编目（CIP）数据

太极拳经典拳论评注 / 杨志英编著. –北京：人民体育出版社，2020
（太极鱼文库）
ISBN 978-7-5009-5769-0

Ⅰ.①太…　Ⅱ.①杨…　Ⅲ.①太极拳—研究
Ⅳ.①G852.11

中国版本图书馆CIP数据核字（2020）第049979号

\*

人民体育出版社出版发行
三河紫恒印装有限公司印刷
新 华 书 店 经 销

\*

787×1092　16开本　15.5印张　212千字
2020年7月第1版　　2020年7月第1次印刷
印数：1—2,000册

\*

ISBN 978-7-5009-5769-0
定价：63.00元

社址：北京市东城区体育馆路8号（天坛公园东门）
电话：67151482（发行部）　　邮编：100061
传真：67151483　　　　　　　邮购：67118491
网址：www.sportspublish.cn
（购买本社图书，如遇有缺损页可与邮购部联系）